AF346902

UN BIOLOGISTE CANADIEN

—

MICHEL SARRAZIN

1659-1735

—

SA VIE, SES TRAVAUX ET SON TEMPS

PAR

ARTHUR VALLÉE

PROFESSEUR À LA FACULTÉ DE MÉDECINE
DE L'UNIVERSITÉ LAVAL
PRIX DU CONCOURS D'HISTOIRE DU CANADA, 1926
ARCHIVES DE QUÉBEC

QUÉBEC
IMPRIMÉ PAR LS-A. PROULX
IMPRIMEUR DU ROI

—

1927

AVANT-PROPOS

L'histoire moderne a su se dégager de la légende. Basée sur des procédés techniques bien définis, et une documentation sûre, elle ne veut plus de l'à peu près et recherche jusqu'aux sources les données nécessaires à sa rédaction véridique. Comme toute l'intellectualité, elle est devenue scientifique et si elle reste un art, dans sa forme et sa composition qui en varient l'agrément, elle devient de jour en jour une science de plus en plus positive, susceptible d'une certaine sécheresse et en tout cas d'une précision quasi expérimentale. Mais la nouvelle manière dont il faut l'écrire, indépendamment de la tournure littéraire, suppose tout un rouage indispensable qui puisse en fournir le matériel.

Aussi est-ce avec une profonde satisfaction que l'on voit l'attention apportée chez nous, depuis quelques années, à la collation des pièces, de toutes les pièces, si minimes soient-elles, qui intéressent notre passé. Que de faits ignorés ou mal connus seraient éclairés, que de fausses hypothèses évitées, si ce mouvement d'intérêt national eût été plus tôt mieux compris et mieux appliqué dans la conservation d'un patrimoine essentiel à la fierté et à la perpétuité de la race. Que de travail simplifié si l'incurie n'avait point laissé entraîner au cours des ans ces paperasses inutiles qui avec les rebuts s'en vont journellement au feu et au tout à l'égout. On ignore tout de l'intérêt présenté demain par un griffonnage aujourd'hui sans valeur. A côté des documents officiels heureusement sauvés du naufrage par le fonctionnaire conscient et la routine, sur ce point justifiable, combien il serait essentiel de retrouver à l'occasion tous ces trésors des vieux tiroirs disparus aux jours de "grand nettoyage". En histoire comme en diplomatie, il n'y a point de "chiffon de papier."

Et pourtant nous sommes de ceux qui avons le plus encore respecté la tradition. De plus en plus menacée, elle va s'éteindre rapidement sans l'appel accentué aux individus eux-mêmes encore receleurs de tous les détails infimes dont elle est faite. Où sont-ils ces vieux cahiers des vieilles familles, établissant la lignée et retrouvés encore en des coins reculés où ils émeuvent au passage les Lamy et les Bazin ? C'est sur leurs pages jaunies qu'il faudrait relire les menus faits de la petite histoire, distincte de la grande par ce point capital qu'elle

IV

seule pénètre plus avant jusqu'au coeur des peuples dont elle scrute les plus humbles entités.

C'est dans cette documentation en marge qu'il faudrait aller chercher l'essentiel détail propre à camper une figure devant la postérité. C'est loin des cadres officiels qu'il faudrait reconstituer les caractéristiques indispensables à la biographie des grands, des moyens et des humbles. Car si l'Empereur triomphe, c'est souvent Flambeau qui bataille et de le mieux connaître on conçoit mieux l'époque, son essence et sa mentalité.

C'est là que nous aurions voulu retracer Michel Sarrazin de l'Etang. C'est à cette lumière qu'il eût été curieux de reconstituer son physique et son caractère. Malheureusement, malgré l'effort, bien peu à dégager de ce côté. En dehors des pièces d'archives publiques qui nous renseignent sur la fonction administrative, des documents d'institutions particulières, parfois plus spécifiques, plus intimes, mais si peu! et surtout importants en regard de l'oeuvre scientifique, rien ne nous initie très largement à la vie privée. Tout au plus peut-on déduire de quelques lettres retrouvées, treize en tout, à l'Académie des Sciences, à la Bibliothèque de Reims, au Séminaire de Québec et à la Bibliothèque Nationale, quelques traits caractéristiques qui ne font qu'ébaucher un portrait par ailleurs très intéressant et méritant beaucoup mieux qu'une esquisse au fusain.

Mais pour le mieux comprendre et le mettre en relief, nous avons voulu le replacer dans son milieu d'où il se dégage dans le clair-obscur. Vie politique, sociale, religieuse, scientifique, industrielle et commerciale, il importait d'esquisser l'ensemble pour saisir dans le paysage tout ce qu'on pouvait conclure. Une pointe sèche n'eût pas suffi à dégager Sarrazin. Il était nécessaire de le voir évoluer dans son siècle et dans son monde, au Canada comme en France. C'est en le comparant et le situant ici et là-bas, qu'il pouvait apparaître en pleine valeur, au rang des meilleurs, et dans son domaine, bien près en somme des grands noms qui ont bâti l'histoire de la Nouvelle-France. Car à côté des gloires militaires et politiques, ecclésiastiques et sociales, il reste le prototype de la science des premiers jours, et peut-être de toujours à date, au PAYS DE QUÉBEC.

Or la science fait partie de l'histoire du monde. Au même titre que les arts et les lettres elle a sa place dans la suite des temps. En le rappelant aux peuples jeunes encore qui n'ont point déjà connu toute sa grandeur, on sert sa cause en suscitant l'idée. Et nous voudrions en citant Sarrazin aux générations montantes, provoquer dans les esprits la réaction nécessaire à l'éveil scientifique national.

VI

Aussi, malgré l'aridité apparente du sujet, avons-nous désiré insister longuement sur son apport de ce côté. Malgré la dureté de la langue technique, nous n'avons pas hésité à montrer les travaux de Sarrazin dans leur forme naturelle, convaincu que cette langue et cette forme doivent passer dans la pratique courante, si l'on veut initier les prochains élus à la recherche et provoquer un jour leur curiosité.

Puis si chacun revit dans sa descendance, il était nécessaire de retrouver la sienne remontant les siècles jusqu'à nos jours. Ses héritiers spirituels devaient aussi être là à côté, continuateurs de l'oeuvre si malheureusement diminuée par ailleurs mais dont ils ont conservé le chaînon susceptible de relier encore le passé à l'avenir si l'on consent seulement à en retremper l'acier.

L'homme qui dans son lourd labeur a voulu porter une attention spéciale aux deux éléments qui devaient plus tard constituer notre emblème : le castor et l'érable, semble bien mériter par ce symbole qu'on se souvienne de lui. Nul ne peut à plus juste titre devenir le guide de ceux-là qui suivant son exemple reprendront le sentier tracé pour fournir à leur tour l'apport de la science canadienne-française à la science mondiale.

Si nous avons pu écrire ces pages où nous espérons une fois encore donner aux nôtres la fierté des jours éteints et l'ambition des len-

demains, c'est à l'empressement et à la complaisance de tous ceux à qui nous nous sommes adressé que nous le devons. Ils voudront bien accepter nos remerciements sincères et reconnaître que la large part revient tout entière aux documents et aux renseignements fournis. Nous n'avons fait que les utiliser, voulant seulement par là répéter avec Montaigne :

" C'est icy un livre de bonne foy ".

Québec, le 22 novembre 1925.

VIII

CHAPITRE I

LA COLONIE A LA FIN DU XVIIe SIÈCLE

CHAPITRE I

LA COLONIE A LA FIN DU XVIIᵉ SIÈCLE

LES ORIGINES DE SARRAZIN

Arrivée de Sarrazin. — Ses origines. — État de la colonie. — Organisation hospitalière. — L'Hôtel-Dieu de Québec. — Quelques prédécesseurs. — Sarrazin chirurgien-major. — Sa pratique médicale du début. — Médecin de l'Hôpital Général. — Voyage à Montréal. — Sa maladie, ses testaments. — L'état ecclésiastique. — Son retour en France.

> Et l'histoire ! L'histoire est partout: autour de vous, au-dessus de vous ; du fond de cette vallée, du haut de ces montagnes, elle surgit, elle s'élance et vous crie: me voici!
>
> (P.-J.-O. CHAUVEAU)

Comment un fils de magistrat conçut-il le projet de passer en Nouvelle-France à la fin du XVIIè siècle, sans raison apparente, le problème ne semble pas pour l'instant facile à résoudre. Ce descendant de gens de robe y accompagnait seulement un de ces contingents de troupes qui portaient le nom de détachements de la marine parce que relevant de ce ministère. Voilà dans quelles conditions Michel Sarrazin, alors âgé de vingt-six ans, débarque à Québec en 1685 avec le titre de chirurgien que sa probité suffit à nous garantir.

C'est le moment de l'arrivée de Monsieur de Denonville et de l'abbé de Saint-Valier, qui le premier août de cette même année font leur entrée avec "nombre de soldats de recrue". Est-ce là le régiment qu'accompagne Sarrazin et les voyageurs qu'il eut dès ce moment à traiter au cours d'une grave épidémie, la date et les démarches prochaines du nouveau gouverneur le laissent croire.

Son débarquement et son installation passent du reste inaperçus et c'est au cours de l'année suivante seulement qu'il est fait mention de sa présence.

Michel Sarrazin appartenait à cette forte race bourguignonne dont **les sources** remontent à la Gaule antique et qui devait fournir une faible part de colons au pays. La Bourgogne, en effet, ne donne à peu près rien avant 1675 (1). Cette émigration se dessine cependant jusqu'à 1700, moment où elle va s'accentuer. Elle se disperse à travers la colonie, elle essaime comme celle des autres provinces de France. Elle constituera même un centre im-

____

(1) Demaizière: "Les colons et émigrants bourguignons au Canada." Rapport de l'Archiviste de la Province de Québec 1923-24.

portant, un noyau autonome, lorsqu'en 1734 tout un groupe vient peupler les bords du St-Maurice, apportant au travail des forges sa compétence spéciale dans la préparation du fer (1). Sarrazin reste parmi ces colons la grande figure. Un chirurgien, Jacques Duguay, venu de la même province, l'avait précédé au pays et s'était installé aux Trois-Rivières plus de quinze ans auparavant, sans se signaler autrement que par un mariage précoce à une jeune fille de treize ans (2).

Sarrazin était originaire de la petite ville de Nuits-sous-Beaune, un des vieux centres de la Côte d'Or rejoignant dans l'histoire les invasions des barbares et plusieurs fois ravagée pendant les guerres de religion avant de passer aux mains des ligueurs en 1591. Nuits fut célèbre de bonne heure par ses vins renommés encore de nos jours de tout premier cru et passant alors pour sortir des cépages les premiers plantés. Ils acquéraient déjà en 1680 une grande réputation, vu l'usage qu'en fit à ce moment Louis XIV malade. Le roi, sauveur de l'antimoine, ne pouvait manquer de signaler au monde le Romanée-Conti, le Clos-Vougeot, le Musigny et même le Nuits St-Georges dont le moelleux et le bouquet lui rendaient la santé.

____

(1) Idem.
(2) M. J. et G. Ahern : " Notes pour servir à l'histoire de la Médecine dans le Bas-Canada ".

C'est dans cette ville que naquit le 5 septembre 1659 le futur biologiste canadien. Il était le fils de Claude Sarrazin, lieutenant en la justice des terres de l'abbaye de Citeaux, et de Madeleine de Bonnefon (1). On trouve des familles de même nom à Champdoiseau près Montbart en haute Bourgogne, patrie de Buffon et de Daubentou, au XIVè et au XVIè siècle (2). La région tout entière semble prédestinée à fournir à l'histoire les pionniers en sciences naturelles.

En quittant sa grasse province pour les terres nouvelles de la lointaine Amérique, Sarrazin abordait une colonie où malgré la vie dure, austère et difficile, on retrouvait le décalque de la vieille France.

Constitution civile, ecclésiastique, système éducationnel, vie sociale, organisation industrielle et commerciale, tout en cette fin du XVIIè siècle existait en herbe et réalisait à des milliers de lieues une terre encore inhospitalière sans contredit, mais où le milieu se créait, où la civilisation progressait de jour en jour. Pour juger sainement des conditions locales, il importe en effet de comparer époque à époque, d'avoir soin de ne pas mettre en regard la vie simple de ces glorieux débuts et la fébrilité de l'existence moderne. Les civilisa-

----

(1) Bulletin des Recherches Historiques, XXVIIIè, page 205.
(2) Note fournie par M. Demaizière.

tions qui évoluent suivent de toutes parts des
voies parallèles et les moeurs du XVIIè siècle
ne différaient guère plus de la nouvelle à
l'ancienne France, qu'elles ne se différencient
de la France moderne à l'Amérique du XXè.

Si nous laissons de côté les difficultés matérielles, multiples encore, l'insécurité indigène
graduellement décroissante, le climat dont
l'influence rejaillit sur les moeurs, nous pour-
rons constater que la vie en province, loin de
Paris et de la Cour, se comparait par certains
côtés à la vie menée au Canada dans les centres par les nouveaux citadins.

Evidemment comme le dira Sarrazin lui-
même "on n'herborise pas au Canada comme
en France. Je parcourrais plus aisément
touttc l'Europe et avec moins de danger que je
ne ferais cent lieues au Canada, et avec plus
de péril" (1). Mais il ne faudrait pas croire
d'autre part à l'inexistence absolue de toute
organisation. Les relations étaient possibles,
la légalité existait, le travail rendait au centuple et nous verrons que la science même, au
coeur de la forêt vierge, apportait à l'Europe
des connaissances précises souvent insurpas-
sées. En fait, les conditions nulle part n'é-
taient faciles. Tournefort, herborisant en
France, avait couru certains dangers et n'a-
vait pas sans péripéties accompli certaines

------

(1) Lettre de Sarrazin. Bibliothèque de Reims. Manuscrit Tarbé.

missions scientifiques. Un siècle plus tard encore, c'est au sein de maintes difficultés que Dolomieu poursuit ses travaux de géologue et augmente ses collections minéralogiques (1). Et aujourd'hui comme hier les missions de nos savants modernes ne sont pas toujours des plus simples, qu'elles s'accomplissent au pôle, au centre de l'Afrique, ou sur les sommets thibétains.

La colonie comptait à la fin du XVIIè siècle près de quinze mille habitants (2) distribués, il est vrai, sur de grands parcours, mais groupés déjà en plusieurs paroisses dont on compte plus de douze dès 1678 (3). En trois ans sept cent cinquante hommes du régiment de Carignan-Salières s'y étaient fixés et malgré les contretemps, les appels incessants aux autorités pour l'envoi constant de colons et l'encouragement à la gratification, on trouvait à Québec et à Montréal, aux Trois-Rivières et autour de ces centres, des agglomérations intéressantes, tant au point de vue du nombre que de la qualité et de la diversité des esprits.

Avec la création du Conseil Souverain de Québec, la Nouvelle-France était dotée d'un système administratif dont le rouage s'étendait à presque toutes les questions judiciaires,

____

(1) "Les aventures d'un géologue, Déodat de Dolomieu". Louis de Launay. Rev. des Deux-Mondes 1er août 1925.
(2) De Rochemonteix 14.000 en 1698.
(3) Garneau Histoire du Canada Vol 1 page 228.

financières et législatives y compris la réglementation policière. Ce Conseil mettait en force et appliquait les édits et ordonnances du souverain, comme il jugeait des fréquentes difficultés survenues entre les citoyens du pays, en appel. Le Parlement de Paris se trouvait transplanté en la prévôté de Québec et la *coutume* y était officiellement reconnue (1). Le Conseil constitué de l'élite du pays et où l'on retrouve d'âge en âge les grands noms de la colonie créait assurément une aristocratie locale que bourgeois, gentilshommes, ecclésiastiques et laïcs, gens de robe et de science recherchaient avec envie. Il détenait aussi le pouvoir important de nommer aux charges publiques et il ne semble pas que le fonctionnarisme fût moins prisé alors qu'il ne l'est de nos jours des individus les plus avertis, assurés par là d'adjoindre un à côté utile à une subsistance parfois difficile.

L'administration cléricale n'était pas en retard sur le fonctionnement civil. Situation particulièrement libre pour l'époque, avec constitution des paroisses, établissement d'un séminaire, classement très net d'un clergé séculier et régulier qui aura souvent maille à partir avec les gouvernants et chez lequel les difficultés deviendront parfois très aiguës. Pour compléter le rapprochement entre l'ancienne et la nouvelle patrie où les pouvoirs se

(1) Garneau. loc. cit.. pages 209 et suiv.

superposent, peut-être importe-t-il d'ajouter
que l'on y voit même surgir un jansénisme,
ayant laissé sans conteste des traces, et un
quiétisme qui en s'amendant ne manquera pas
non plus de marquer son empreinte (1) au
siècle de Sarrazin et plus avant dans l'histoire.

Ce clergé et ces gouvernants venus de France allaient par conséquent avoir la préoccupation et la mentalité d'outre-mer qu'ils adapte-
raient aux nouvelles conditions de vie des colons canadiens. Dès lors on peut dire à la
toute première époque, religieux, Jésuites et
Récollets, prêtres séculiers, à leur arrivée, en-
treprirent la vaste tâche d'instruction qui grâce à eux devait mener le Canada français à
son état actuel, en prolongeant ici l'oeuvre
poursuivie là-bas.

Non seulement à la fin du XVIIè siècle, il
existe à Québec des écoles primaires, un petit
séminaire préparatoire aux études classiques,
un collège des Jésuites, ce qui est bien pour
une ville de douze cents âmes, mais encore,
outre les collèges des Sulpiciens et des fils de
St Ignace à Montréal, on peut compter de
nombreuses écoles dans les paroisses, telles
celles du Château-Richer, de St-Joseph-de-la-
Pointe de Lévy, du Cap-Tourmente, de l'île
d'Orléans.

Le collège comptait en fin de siècle une
centaine d'écoliers à la classe primaire, le sé-

(1) Garneau Loc. cit. pages 234 et suiv.

minaire environ quatre-vingts. Si l'on ajoute
à ceci les écoles d'Arts et Métiers de St-Joachim, un certain enseignement des sciences
chez les Jésuites où Martin Boutet et Franquelin (1), grand ami de Sarrazin, professent les mathématiques et l'hydrographie, on
verra que pour l'époque il se rencontrait au
pays un groupe d'honnêtes gens au sens strict
du siècle.

Le commerce et l'industrie avaient d'autre
part bénéficié du séjour de Talon. La traite
des fourrures, premier appât, se voyait adjoindre l'industrie du bois, de la pêche, la découverte du minérai de fer dans la région du
St-Maurice comme sur la côte nord du fleuve ; la culture s'étendait, la fabrication d'articles de première nécessité devenait oeuvre locale, une tannerie et une brasserie s'érigeaient
(2). La civilisation dans son ensemble est
donc un fait accompli, encadrant le milieu où
Sarrazin bientôt évoluera.

Voilà l'ambiance généra ; pour un médecin il importe en outre de .enir compte également des conditions spéciales qui sont faites à
sa profession. S'il doit vivre de la vie commune, l'exercice de son art comporte de plus
certaines circonstances particulières qui lui en
rendent la pratique plus ou moins complexe.

____
(1) Mgr Am. Gosselin : " L'Instruction au Canada
sous le régime français ".
(2) Garneau loc. cit.

De longtemps on trouvait à Québec et à Montréal des hôpitaux organisés. On sait l'oeuvre admirable commencée dès 1639 par ces femmes distinguées fondatrices de l'Hôtel-Dieu de Québec et les secours qu'elles avaient déjà fournis avec un personnel médical tout au moins doué de bonne volonté. Talon voyant leur dévouement et appréciant leur effort avait voulu moderniser leur institution au point de vue confort et même hygiène, en la dotant d'un aqueduc, geste encore louable aujour-d'hui et constituant alors un luxe inconnu.

Cet hôpital comportait une salle d'hommes et une de femmes, sans compter un local ré-servé aux officiers malades (1). En tout trente à cinquante lits en 1690. Les lits dis-posés de chaque côté " à la manière de Fran-ce " et les facilités découlant d'un premier agrandissement, la disposition du service pharmaceutique permettant de desservir les deux groupes de malades et l'orientation au sud des locaux réservés à ces derniers, tout contribuait à en faire pour l'instant un hôpi-tal modèle.

La création de l'Hôpital Général, en partie destiné à devenir un asile d'aliénés, complé-tait ces services hospitaliers où les médecins du roi, collègues de Fagon et de tant d'autres, exerçaient un à un cet art déjà sorti de l'en-

---

(1) Abbé Casgrain: Histoire de l'Hôtel-Dieu de Qué-bec.

fance quoi qu'en aient toujours pensé ses détracteurs.

Bien avant ces temps, il n'existait plus de peuple sans médecins et la profession avait nécessairement déversé au premier jour, sur ces rives, nombre d'adeptes. Il est même incontestable que l'exercice de la médecine ait été chose facile au Canada, non seulement avant Sarrazin, mais longtemps encore après lui. Aussi ne s'étonne-t-on pas de constater le nombre de chirurgiens signalés de toutes parts à côté des guérisseurs d'aventure et parmi eux des médiocrités. Certains esprits dépassent cependant la moyenne et se classent surtout au point de vue chirurgical, ce qui laisse planer un doute sur leur formation médicale proprement dite.

Il faut admettre malgré tout que ces praticiens faisaient partie de l'élite coloniale et prirent dès le début une large part au développement sous toute ses formes. Le chirurgien Bonnerme arrivant ici avec Champlain est le premier homme de profession à fouler le sol de la nouvelle ville qui se fonde (1). Des médecins sont rencontrés à Port-Royal en Acadie avant cette date (2). Voilà des gens par suite ayant acquis certains titres aux éléments qu'ils représentent.

---

(1) J. E. Roy: Histoire du Notariat au Canada Ch. II.
(2) Idem.

Ils sont très nombreux les hommes de l'art
qui vinrent dès les débuts de Honfleur, de
Dieppe, de Rouen, de Marlay et d'ailleurs, appliquer ici leurs connaissances spéciales, simples colons ou encore intéressés au commerce
des fourrures et membres de la compagnie des
Cent Associés.

Aussi combien ils sont mêlés à toute la vie
naissante. Des figures comme Duchesnes,
Giffard, Madry sont de bons exemples du *médecin colon* comprenant à tous points de vue
la très large importance du rôle à jouer.

Elle est émotionnante cette vision de Duchesnes parcourant avec le missionnaire les
cabanes du sauvage, pour indiquer au prêtre
les sujets en danger de mort et agissant comme parrain si l'occasion s'en présente. Surprenant aussi le fait de retrouver les rapports
qu'il produit d'enquêtes médico-légales, insti-
tuées dès ce début pour coups et blessures,
noyades ou autres accidents. Et à côté de
rencontrer ce simple chirurgien, propriétaire
de ce qui sera plus tard les plaines d'Abraham (1), lorsqu'il aura donné son bien à
Abraham Martin, semble presqu'un symbole
du rôle dévolu dans la destinée du pays.

Que d'émotion aussi à retracer en Giffard,
le premier médecin de l'Hôtel-Dieu en même
temps que le premier colon à s'établir en dehors des centres. Voilà le médecin défricheur

----

(1) Ahern loc. cit.

aux portes de la ville, de toute cette côte de Beauport, dont on lui octroie la seigneurie en récompense des innombrables services rendus sur les navires du sieur de Roquemont dont le sort fut funeste. Membre du premier Conseil Souverain et premier habitant du Canada à recevoir ses lettres de noblesse, Giffard est un des types les plus intéressants du monde médical devancier de Sarrazin (1).

Non moins captivante enfin la figure de Jean Madry qui émerge de la petite histoire derrière les grands noms formant les cadres de l'histoire officielle. Successeur de Giffard à l'Hôtel-Dieu, premier échevin de Québec et surtout le premier à établir la maîtrise de chirurgie au pays, Madry est encore de ceux qui jouent un rôle de premier plan tant au point de vue médical que social et administratif (2).

C'est à ceux-là et à bien d'autres, moins en lumière, que Michel Sarrazin venait s'adjoindre et prêter main-forte. Comme eux conscient de ses devoirs qui doivent dépasser l'activité professionnelle, il serait mêlé à toute la vie locale. Plus qu'eux encore il allait illustrer la science canadienne à son aurore et la médecine du temps. Mais avec plus d'envergure, peut-être, il reste de la même race et du même type. Un vaillant qui sait peiner, un

____

(1) Ahern, loc. cit.
(2) Idem.

pionnier comme la France a toujours su en
fournir à l'univers entier, portant partout sa
foi, sa science et son initiative. Il n'est comme tant d'autres qu'un humble semeur de civilisation sous toutes ses formes, et lorsqu'il
aura trouvé sa voie, sa largeur de vue et son
esprit scientifique hors pair en feront une des
figures les plus captivantes des habitants de la
Nouvelle-France.

Son arrivée, nous l'avons vu, passe à peu
près inaperçue dans le milieu pourtant restreint de la Colonie, mais où déjà de nombreux
collègues l'ont précédé et l'attendent. Rapidement ses mérites se dessinent et ses services, à
un moment où l'état de guerre avec les Iroquois crée une situation difficile, vont être
tout spécialement appréciés. Aussi un an à
peine après son installation à Québec, messieurs de Denonville et Champigny sont-ils
déjà fixés sur son habileté comme chirurgien.
Ils le nomment le 12 septembre 1686 chirurgien-major des troupes, par brevêt et ordonnance du Conseil Supérieur (1). C'est la notoriété à brève échéance.

Dès lors Sarrazin va poursuivre sous une
forme officielle son travail médical durant la
période que comprend son premier séjour. Il
exerce son art non seulement auprès des soldats et officiers, mais son action s'étend de

____

(1) Régistre des Arrêts du Conseil Souverain 1692-
1702.

ce moment à toute la colonie et malgré le nombre de ses concurrents, sa réputation l'impose aux hôpitaux de Québec et de Montréal et son savoir soulage sans rémunération tous les habitants.

On conçoit mal, aujourd'hui, l'activité que peut représenter à date un service médical qui s'exerce sur un rayon de soixante lieues. Mais si l'on songe aux difficultés des transports effectués par voie fluviale, au temps qu'il fallait y mettre et au manque de confort dans ces déplacements à un moment où on ne jouissait point de ces luxueux bateaux possédés plus tard par certains gouverneurs ou intendants, il est étonnant que Sarrazin ait pu poursuivre aussi régulièrement l'exercice de ses fonctions dans les deux villes. D'autant plus que la santé laisse à désirer chez ce jeune homme dont la longue carrière en d'aussi rudes conditions est presque renversante.

L'acte de Denonville a été facilement reconnu en haut lieu et Sarrazin fut gratifié d'un octroi spécial, pour lequel Frontenac lui-même se hâte de féliciter chaleureusement le ministre, dès son retour au pays en 1689. A ce moment le gouverneur insiste, comme toutes les autorités continueront de le faire pendant quarante ans sur "le soin et la charité" qu'il apporte à remplir ses fonctions (1).

---

(1) Archives de la Province de Québec. Lettre de Frontenac.

Le Conseil Souverain appuie à son tour pour que cette nomination soit ratifiée par brevêt royal et le 16 mars 1691, ce brevêt était octroyé de Versailles dans les termes suivants :

"Aujourd'hui 16 mars 1691 le Roy estant à Versailles voulant commettre une personne capable et expérimentée au fait de la chirurgie pour traitter et panser les soldats des troupes qu'Elle entretient au pays du Canada, et sçachant que le Sr. Sarrazin a les qualités nécessaires pour s'en bien acquitter, Sa Majesté l'a retenu et ordonné, retient et ordonne chirurgien des troupes qu'Elle entretient au dit pays auz appointemens qui luy seront ordonnez par les estats qui sont expédiez chaque année pour l'entretien des dites troupes et autres dépenses à faire au dit pays pour le service de Sa Majesté. Mande au Sr Comte de Frontenac etc." (1).

C'était la confirmation officielle et définitive, alors que l'on comptait à Québec seulement, plus de cinq ou six chirurgiens, sans mentionner de Nevers, Duporteau et Maublant, chirurgiens de compagnies (2), par conséquent prenant part active au traitement des militaires. Et parmi ces hommes, les uns comme de la Grange et Dumancin voire même du Roy dont on a sérieusement mis en

____

(1) Archives de la Province de Québec.
(2) E. Myrand " Sir W. Phips ".

doute la profession (1), n'avaient peut-être pas très grande réputation, mais d'autres tels Timothée Roussel et Beaudoin jouissaient d'un certain prestige. Sarrazin s'était donc classé parmi ses confrères au tout premier rang. Comme tous du reste, il n'était encore que chirurgien, mais les efforts accomplis bientôt pour devenir médecin indiquent nettement sa mentalité supérieure.

De sa pratique médicale durant ce premier séjour, on ne sait en fait que fort peu de choses. On le voit agir dans une affaire de duel entre le sieur Desbergères et le sieur Duplessis, Desbergères ayant été blessé d'un coup d'épée et traité par lui (2) Cet incident entre un civil et un capitaine de troupe, tourne contre le civil car Duplessis fut condamné à verser à Desbergères une somme de six cents francs et tous deux à dix francs d'amende à l'Hôtel-Dieu et au bureau des pauvres de la ville déjà organisé et en plein fonctionnement (3). Il examine encore les blessures d'un sieur de Lorimier touché à son tour par un capitaine, le duel étant semble-t-il relativement fréquent bien que les combattants fussent soumis au jugement du Conseil (4).

Le siège de Québec en 1690, où le nombre des blessés fut important, dut fournir à son

---

(1) Ahern loc. cit.
(2) Jugements et Délibérations, vol. III.
(3) Cité par Ahern des Jugements et Délibérations.
(4) Idem.

activité chirurgicale une assez vaste pratique.
Si on ne retrouve pas son nom aux avant-
postes ni à la Canardière, ni ailleurs, il dut
néanmoins recevoir aux hôpitaux les blessés
qu'on y emmenait de toutes parts. Là ne se
limitait pas son travail, malgré l'activité qu'il
déployait, ses services étaient également re-
quis en médecine comme en chirurgie.

C'est même cet état de chose qui poussera
très probablement Sarrazin à retourner consciencieusement élargir sa compétence en joignant à sa maîtrise chirurgicale une formation médicale complète.

Ceci n'implique pas que les connaissances
de nos maîtres chirurgiens de la première
heure fussent nulles en médecine. Il suffirait pour se convaincre du contraire de par-
courir la très longue liste de médicaments intitulée : " Mémoire des Médicaments nécessaires pour les troupes du Roy en Canada à
envoyer en 1693 " (1) et qui naturellement
dut être rédigé par le chirurgien-major de
ces troupes, Michel Sarrazin. C'est un des
plus jolis documents de polypharmacie que
l'on puisse retrouver, où à côté des huiles essentielles, de laurier, de rose, de lis ou d'ab-
sinthe, se rencontrent les sirops, les miels, les
encens, le soufre, les pierres et les acides, voire même l'antimoine auquel on avait si fortement fait la guerre à la Faculté et la théria-

____

(1) Archives de Québec. Cf. Pièces justificatives.

que qui de toujours gardait son titre de panacée. Le mémoire comporte encore pour établir combien on est à point, le séné, la rhubarbe et la casse, mais aussi le laudanum et l'onguent napolitain. Pour la saignée les lancettes, et les seringues à " gros canons " pour le lavage des plaies, les cautères et les emplâtres sans nombre avec les suppuratifs et les vulnéraires constituent l'arsenal chirurgical.

Si l'on veut comparer la pharmacopée anglaise à celle de nos chirurgiens, il suffit de rapprocher cette curieuse pièce de la liste non moins élaborée et judicieusement classée des médicaments que porte dans son coffre le sieur George Jackson, chirurgien des troupes de Phips dans l'expédition contre le Canada en 1690 (1). Les différences sont minimes et l'on peut juger que la chirurgie d'armée était la même en principe dans les deux camps.

Sarrazin avant d'avoir décroché son titre de docteur se conforme en tous points à la thérapeutique du siècle où l'humorisme sur son déclin triomphe encore de façon élégante à la cour. Son importante et prévoyante commande du 5 octobre 93, ne le prendrait pas au dépourvu dans le soulagement des misères humaines.

Les religieuses de l'Hôpital Général jugeant comme tant d'autres de sa valeur l'avaient

----

(1) E. Myrand loc. cit. page 295.

pris comme médecin à cette date ce qui ajoutait encore à ses fonctions et à sa clientèle, un
service hospitalier cependant pas très lourd
en temps ordinaire.

Son titre de médecin des troupes l'obligeait
à des voyages à Montréal déjà signalés. C'est
au cours de l'un de ces voyages durant l'été
de 1692 qu'il fut assez gravement atteint pour
être transporté à l'hôpital de cette ville où,
devant le notaire Adhémar il rédigea son testament (1). Après avoir manifesté sa croy-
ance, il lègue à sa mère Madeleine Bonnefon,
veuve de sieur Claude Sarrazin, demeurant à
Gilly en Bourgogne, l'usufruit des biens qu'il
a en France. La part des pauvres est remise
à l'hôpital St-Joseph de Ville-Marie et ses livres de chirurgie sont légués à trois confrères de l'endroit, La Source, St-Amand et La
Sonde, dont il apprécie évidemment les bons
services à son égard. Cette atteinte dut être
assez sérieuse et le don qu'il fit d'une chapel-
le à l'église de Ville-Marie (2) durant cette
même année paraît en relation avec l'espoir
de son rétablissement.

Un mois plus tard son état s'était suffisam-
ment amélioré pour qu'il pût redescendre à
Québec et annuler par un nouveau testament

---

(1) Bulletin des Recherches Historiques **XXVI** page
317.
(2) Archives de Montréal.

en date du 14 septembre,—l'autre était du 13 août,—ses dernières volontés.

Cette fois, c'est chez son ami Franquelin, hydrographe du roi, professeur de sciences, que Sarrazin s'est retiré, place Notre-Dame, probablement dès son arrivée. Il est encore au lit et c'est devant le notaire Genaple qu'il modifie sa première donation en indiquant comme son légataire un frère, Claude Sarrazin, bourgeois à Nuits, mais sans modifier le reste de la pièce.

Il devait rapidement se rétablir et continuer l'exercice de ses fonctions. L'amitié très intime qui le rattache à Franquelin, l'esprit le plus versé dans les sciences à Québec, ne laisse pas de doute dès ce moment sur les dispositions particulières, la mentalité et le goût manifesté pour ces études chez Sarrazin, toujours si réservé par ailleurs dans ses relations comme en font foi plusieurs témoignages. Cependant, il n'apparaît pas qu'il ait durant ce premier séjour pris un intérêt particulier à l'histoire naturelle du pays. Ce sont probablement ses études postérieures qui l'ont orienté de façon spéciale et peut-être même les amis qu'il a rencontrés en poursuivant sa médecine à Paris.

Pour l'instant, il songe plutôt à l'état ecclésiastique. Un de ses frères est prêtre à Nuits, lui-même veut entrer dans les ordres. Les renseignements sont peu précis sur son séjour au séminaire (1). Une lettre de Frontenac à ce sujet semble lever tous les doutes (2) et indiquer que ce fut ici même qu'il porta la soutane. Une autre source confirme la chose. Son séjour dans les ordres ne fut pas en tout cas de très longue durée, car dès 1694 Sarrazin passait en France sans détermination absolue de changer de carrière, mais avec *certaines* velléités au départ, fort peu ancrées et peu persistantes.

La colonie le voyait partir avec regret, car il y avait rendu de grands services et peu d'hommes de l'art pouvaient se comparer à lui. On avait prévu la chose et Frontenac avant que Sarrazin ne quittât le pays s'était assuré les fonctions d'un remplaçant. C'est le chirurgien Beaudeau arrivé en 1693, alors que Sarrazin s'était déjà retiré du monde, nommé chirurgien-major des troupes à Montréal et chirurgien de l'Hôtel-Dieu de Québec (3). Il remplit ces fonctions à la satisfaction du gouverneur et de tous.

Sarrazin allait passer trois ans en France avant de revenir au Canada. C'est encore la période de sa vie la moins connue, mais il importe pour juger de la formation qu'il pourra acquérir, de se rendre compte de l'état de la

----

(1)   Cf. Mgr Laflamme "Michel Sarrazin de l'Etang".
(2)   Manuscrits relatifs à l'histoire de la Nouvelle-France, 2è série Vol. VIII page 4535 cité par Ahern.
(3)   Ahern loc. cit.

médecine et des sciences en cette fin de siècle
et du milieu où Sarrazin évoluera. L'orientation de son travail au retour nous dit assez
combien on appréciait dès lors la formation
scientifique acquise et tout l'usage qu'on savait faire des aptitudes de chacun, pour mettre debout les notions nouvelles qu'une curiosité naissante savait rechercher de toutes
parts.

CHAPITRE II

LA MÉDECINE AU XVIIe SIÈCLE ET AU COMMENCEMENT DU XVIIIe

CHAPITRE II

LA MÉDECINE AU XVIIe SIÈCLE ET AU COMMENCEMENT DU XVIIIe

On conçoit mal aujourd'hui cette différence absolue encore existante au XVIIè siècle entre la médecine et la chirurgie. Malgré notre spécialisation outrancière, médecins et chirurgiens sortent maintenant des mêmes écoles et si l'on peut être médecin sans être chirurgien, l'inverse n'est pas vrai.

Au temps qui nous occupe, au contraire, les deux corporations étaient absolument distinctes. Nous n'insisterons pas sur les disputes interminables survenues entre médecins, chirurgiens et barbiers, sur les rapprochements momentanés entre les uns et les autres. Il importe de retenir en tout cas que le chirurgien n'était pas forcément médecin. C'est le fait de Sarrazin à son premier voyage.

Cette formation chirurgicale était du reste assez simple à acquérir et ne demandait pas la longue préparation qu'on exigeait déjà du médecin. Rien de surprenant si le nombre des chirurgiens dans la colonie était assez imposant alors que de médecins on ne semble trouver trace. Les plus en vue de nos praticiens d'alors relevaient simplement du groupe de ces barbiers chirurgiens dont Madry s'était assuré la maîtrise. Ils venaient de partout en ces villes de province où chez un maître local ils avaient facilement décroché cette maîtrise ou même se la faisaient décerner au pays. Il n'y a pas à s'étonner qu'un homme d'une valeur incontestable et d'une moralité parfaite, tel que Sarrazin, ait pu jouir parmi tant d'autres dès ses débuts d'une réputation déjà brillante.

Mais précisément sa valeur et son caractère lui permirent de comprendre qu'une formation médicale complète lui était nécessaire même en Nouvelle-France pour pouvoir accomplir toute sa mission. A ce titre seul, Sarrazin est un exemple digne d'être cité aux générations modernes. Convaincu de l'insuffisance de sa culture après ses premiers essais de clientèle pour remplir toutes les fonctions auxquelles il était appelé, il voulut être médecin.

Rendu à Paris, il ne songe pas longtemps
à la prêtrise. Dans une lettre de l'abbé Tremblay, des Missions Etrangères, à l'abbé Glan-
delet, du Séminaire de Québec, en date des
8-16 avril 1696, celui-ci s'exprime ainsi à ce
sujet : (1)

"........J'ai peu vu monsieur Sarrazin depuis l'arrivée des navires. Il est venu me voir
depuis peu et ne m'a pas trouvé. Je crois qu'il
ne songe plus à être prêtre, de quoi je suis
très fâché; car je lui en avais encore proposé
des expédients la dernière fois que je lui en
parlai, qu'il n'a pas cru devoir prendre ; je lui
ai même proposé de se joindre à nous dans le
dessein d'aller dans les missions d'Orient où
un homme comme lui ferait de très grands
biens. J'ai remarqué qu'il n'a pas encore acquis cette latitude de coeur qui nous fait re-
poser amoureusement en l'aimable providence
de Dieu. Il craint un peu que la terre ne lui
manque, il est d'ailleurs encore bien susceptible du point d'honneur. Il craint de paraître
en Canada dans un degré inférieur à celui où
il a été. Je l'ai invité à y retourner comme
Monsieur l'Intendant l'invite pour être en
quelque façon médecin, mais avec des appointements moindres à ceux qu'il avait. Il a cru
que celà ne serait pas assez honorable pour
lui. Heureux ceux qui ne sont plus si poin-
tilleux sur leur réputation et sur toutes ces

----

(1) Archives du Séminaire de Québec.

considérations humaines. Ce que je vous dis de lui n'empêche qu'il n'ait beaucoup de vertu. Je vous prie même de ne pas dire à d'autres ce que je vous en écris. Peut-être agit-il par des motifs plus spirituels et qui ne me sont pas connus. J'ai toujours remarqué en lui un grand désir de connaître la volonté de Dieu et de la suivre, et il a fait de grandes démarches pour celà qui lui ont beaucoup coûté ".

Sarrazin était encore hésitant sur sa vocation et n'était pas non plus très disposé à revenir au pays où il avait quitté une situation qu'il craignait de ne pas retrouver aussi brillante. L'avenir montrera cet étudiant d'âge mûr poursuivant entre temps ses études médicales à Paris.

La médecine était déjà très largement sortie des ornières où l'attachement inconsidéré à Galien l'avait si longtemps maintenue. Avant d'entrer dans le XVIIIè siècle où elle allait forcément emprunter à la mentalité un caractère par trop théorique, correspondant aux systèmes philosophiques, elle semblait vouloir prendre son essor scientifique.

Le XVIIè siècle constitue en effet dans l'histoire médicale une époque classique. Dès les premières années de cet âge incomparable, la découverte de la circulation du sang par Harvey, en Angleterre, ouvrait une ère nouvelle où la tournure scientifique du découvreur ne laissait rien à désirer. Puis ces bases fondamentales de toute la physiologie allaient rapidement s'élargir par les travaux successifs d'Asselli en Italie, de Pecquet en France, qui trouvaient à leur tour les. vaisseaux chylifères et les lymphatiques et ouvraient les portes à toutes les données futures se complétant entre elles.

Si les périodes précédentes avaient permis certains développements, grâce aux nombreux travaux d'anatomie qui avaient déblayé le terrain, la physiologie jusque-là était restée complètement dans l'ombre et l'avancement n'était plus possible sans éclairer l'horizon de ce côté. Un grand pas se trouvait réalisé. Une médecine renovée devait en découler, dégagée de toute l'antiquité souvent mal comprise et en tout cas trop servilement suivie.

D'autre part les travaux particuliers auxquels on se livrait en différents milieux, soit sur la chimie, soit sur la physique, allaient susciter la formation de groupes médicaux se rattachant soit ici soit là, imbus, il est vrai, de multiples idées fausses et de trop de parti pris, mais qui crééraient un rapprochement indispensable, plus tard, entre la médecine et les autres sciences. Ces deux groupes importants seraient connus sous le nom d'iatro-chimistes et d'iatro-mécanistes, suivant que leurs tendances les liaient à la chimie ou à la physique. Ils cherchaient par suite à expliquer soit par l'une soit par l'autre de ces doctrines tous les phénomènes de la machine humaine et toutes les maladies qui peuvent s'y rencontrer. Théoriciens effrénés, ils versaient souvent dans l'erreur, mais ne manquaient pas de créer tout de même un esprit nouveau dont les influences se feraient sentir.

Enfin des hommes comme Morgagni et Malpighi en poussant à l'étude de la constitution intime des organes et des tissus ouvraient le champ aux conceptions modernes et devenaient les incomparables précurseurs d'une vaste part de la médecine actuelle. A côté de toute cette médecine scientifique nouvellement édifiée et qui porterait ses fruits, un grand clinicien surgissait capable par son esprit d'observation, son travail et sa méthode de donner le jour à la médecine clinique et de préciser non seulement la connaissance de certaines maladies qu'il décrira, mais encore l'emploi de certains médicaments dont il réglemente l'administration. C'est Thomas Sydenham, mort en 1689, en fermant par la clinique le siècle que dans cette même Angleterre, Harvey avait ouvert par la recherche.

Résultat tangible: non seulement la médecine scientifique était en herbe, mais la médecine clinique qui intéresse plus directement le malade, bien que la première lui soit nécessaire, sortait également de la routine et rentrait dans l'histoire.

On le voit, les conditions étaient sensiblement meilleures que .ne pourrait le laisser
croire la simple lecture de Molière. Sarrazin
maître en chirurgie pouvait acquérir des connaissances médicales qui feraient de lui un
médecin fort convenable et déjà largement digne de ce nom.

Tout ce progrès ne se réalisait pas cependant sans luttes et sans discussion. La querel-
le des anciens et des modernes est chose qui se
poursuit de siècle en siècle et dans tous les domaines. Elle semble nécessaire pour calmer
l'opinion des esprits trop avancés tout autant
que pour stimuler les énergies des retardatai-
res.

L'Ecole de Paris, entre autres, n'avait au
cours du siècle avancé que lentement sur ces
nouveaux terrains et on y rencontrait des
adeptes nombreux de l'antiquité restant à tout
prix des anti-circulateurs et luttant à merveil-
le contre l'antimoine et tout ce qui n'était plus
la routine. Tous les siècles et toutes les écoles ont eu sous ce rapport des esprits de même
ordre et il ne faudrait pas s'en étonner outre
mesure, quand on sait les brillantes phalanges
qui ont succédé depuis à ces maîtres réfractai-
res. Parmi ceux dont les énergies et la plume
facile s'appliquèrent à démolir les théories
nouvelles, il suffit de mentionner le spirituel
Guy Patin autrement digne de se faire par-
donner sa passion de l'antique. Mais il im-

porte de savoir que les maitres de l'heure, fussent-ils docteurs régents, doyens ou médecins de cour, évoluaient de telle sorte qu'ils pouvaient provoquer toute la satire. Et si à l'époque où Sarrazin travaille, l'évolution s'est déjà fait sentir, le milieu toutefois n'est qu'au début de sa transformation.

Les étudiants ne sont du reste pas encore nombreux. La vie universitaire, très organisée, coûte cher. Plusieurs d'entre eux comme aux temps modernes doivent par un travail à côté subvenir à leur existence. Quelques-uns même allaient jusqu'à mendier (1).

A la fin du siècle les élèves de la Faculté de Paris ne sont pas plus de quatre-vingts à cent et tous doivent produire un certificat de maître ès arts (2). On se demande comment Sarrazin, dont la formation littéraire, entre autres, ne semble pas très complète, put arriver à préparer son doctorat dans ces conditions.

Les cours débutaient à la St-Luc, le 18 octobre, dans des locaux qui n'avaient rien des écoles actuelles. C'est en 1608 seulement que l'on avait exproprié, l'année même de la fondation de Québec, le local de la rue du Fouarre où l'on devait reconstruire le premier amphithéâtre érigé quatre ans auparavant. C'est

____

(1) Dr Jules Roger: "La vie médicale d'autrefois".
(2) Idem.

dans cet amphithéâtre Riolan que Sarrazin et
ses successeurs allaient suivre les cours. De
même il dut pénétrer et dans l'ancienne cha-
pelle de l'école, sise en la bibliothèque jusqu'en
1695, et dans la nouvelle, dont Fagon, d'illustre mémoire, avait fourni les grilles (1).

Le baccalauréat, la licence, le doctorat et la
régence constituaient des étapes couvrant plusieurs années et que Sarrazin dut forcément
abréger puisque reçu docteur à Reims, il revenait au pays en 1697. Les études duraient en
fait sept ans, il franchit le tout en moins de
quatre, mais évidemment sans devenir docteur
régent.

Outre les cours, l'enseignement clinique se
faisait à l'Hôtel-Dieu de Paris ou chez le
client avec le praticien. Il est certain que de
ce côté un chirurgien revenant des colonies
avait déjà par devers lui un très grand avan-
tage et pouvait disposer d'une expérience
personnelle favorisant l'assimilation rapide
des nouvelles connaissances acquises. La grande pratique médico-chirurgicale de Sarrazin
pendant ses huit ans passés au pays dut lui
être substantiellement utile. Lorsqu'on sait
l'étendue que cette pratique avait déjà prise et
le sérieux avec lequel on l'avait toujours considéré, on reste convaincu que sa formation
théorique dut facilement se compléter en te-

____

(1) Dr Jules Roger loc. cit.

nant compte de l'esprit d'observation dont il fait preuve.

Voilà l'école et le milieu médical officiel, voilà l'état où en était la médecine scientifique et clinique dans le monde et à Paris. Il y a plus encore : depuis quelques années, Nicolas de Bligny, non seulement avait créé le " Botin ", mais encore avait fondé la presse médicale. A l'époque de Sarrazin, Claude Brunet publie en continuation au premier journal de de Bligny " le progrès de la Médecine " (1). Nous sommes presque aux temps modernes et pour un esprit curieux qui d'aventure s'est déjà largement ventilé par un voyage en Amérique, l'ambiance devient particulièrement intéressante et propice. Dans le même ordre d'idées, l'abbé de la Rocque dirige le " Journal des Savants ", organe important où l'on retrouvera plus tard certains travaux de Sarrazin.

C'est qu'en effet on s'éveille de toutes parts et si l'on est habitué à saluer le siècle de Louis XIV pour ses littérateurs, il ne faudrait pas oublier la large part qui revient encore au roi Soleil dans le développement scientifique général. Si la médecine a retardé un peu dans le Paris du grand roi, dont les médecins ont donné prise à certains ridicules, il n'en est pas moins vrai que les sciences y ont acquis un dé-

____

(1) Dr Jules Roger loc. cit.

veloppement appréciable et digne de mention.
Le fait est à noter pour comprendre comment
Sarrazin se trouve naturellement orienté vers
ses futurs travaux. Ce mouvement intense
devait servir à l'édification d'ensemble et préparer le glorieux avenir avec une prévoyance
certainement égale à l'encouragement aux savants dont on fait si grand cas lorsqu'il s'agit
cent ans plus tard de Napoléon.

Certaines institutions concouraient de façon
précise à cet état de choses. Les savants
étaient appuyés ostensiblement par le pouvoir,
les gratifications qu'on leur octroyait étaient
relativement importantes.

Et d'abord c'est le Jardin Royal ou Jardin
des Plantes qui deviendra à la révolution le
Muséum d'Histoire Naturelle. Hérouard et
Gui de la Brosse, médecins de Louis XIII en
avaient été les fondateurs . Cette création ratifiée par le pouvoir royal n'était pas étrangère à l'enseignement de la médecine. L'édit
qui la créait porte en effet qu'"attendu qu'on
n'enseigne point ès école de médecine à faire
les opérations de pharmacie....le sieur Bouvard
nous aurait supplié que trois docteurs choisis
par lui dans la faculté de Paris, soient par
nous pourvus pour faire aux écoliers la dé-
monstration de l'intérieur des plantes, et de
tous les médicaments et pour travailler à la
composition de toutes sortes de drogues par

voie simple et chimique.....etc." (1).

La Faculté ne voit pas la chose d'un très bon oeil. Peu importe, la charge et la direction de l'institution revenaient à un médecin du roi et Fagon quelques années plus tard allait lui donner tout son essor. En effet dès 1683 ce premier médecin du roi, élevé au Jardin des Plantes à titre de neveu de Gui de la Brosse et épris de sciences naturelles allait chercher en province Joseph Pitton de Tournefort pour le nommer professeur de botanique. Tournefort devait créer la botanique moderne et par ses voyages et l'apport de tous les voyageurs créer aussi le Muséum. Mais avant d'être lui-même chargé de mission scientifique au Levant, il allait faire sa médecine et il semble bien que ce soit là qu'il fit connaissance de Sarrazin. Si celui-ci l'eut comme maître, il dut aussi le coudoyer comme condisciple, car lorsqu'il revint au Canada en 1697 avec son titre de docteur, Tournefort était encore à préparer sa thèse passée en 1698, sur un sujet d'iatro-mécanisme: "Le traitement des maladies doit-il se rapporter aux lois de la mécanique?" Le grand précurseur de Linné sera comme nous le verrons, un des premiers protecteurs de Sarrazin dont il saura mettre en valeur les connaissances scientifiques.

____

(1) "Le Jardin des Plantes", P. Bernard et L. Couailhac Ed. Curmer, 1842.

Voilà déjà une oeuvre d'importance où les sciences naturelles sont fortement en honneur. Inutile d'ajouter qu'au vieux Collège de France on enseignait la botanique et l'astronomie depuis le règne de Henri IV.

Mais non moins utile aussi à ces développements, cette Académie Royale des Sciences dont Sarrazin sera correspondant et qui constituait un milieu hors pair à Paris. Les travaux de Descartes et de Galilée, d'Harvey, de Warthon, de Glisson, de Pecquet, de Malpighi et de tant d'autres avaient attiré l'attention. Fontenelle dans son admirable histoire de l'Académie montre comment les réunions intimes des Pascal, des Roberval, des Gessendi, des Descartes, précédèrent la formation de ce cénacle fondé dès 1666 par Colbert, se mettant rapidement au travail pour n'être réellement réorganisé et régulièrement constitué par Louis XIV qu'en 1699.

C'est le milieu fréquenté par Sarrazin au moment où il complète sa formation médicale et prépare même ses recherches scientifiques. Il est depuis toujours fortement attiré vers les sciences. Nous avons vu sa grande intimité avec Franquelin, l'hydrographe, dès son premier séjour au Canada. Bien qu'il ne paraisse pas avoir poursuivi de travaux spéciaux sur l'histoire naturelle durant son séjour à Paris, il avoue avoir tué des rats d'eau de la Seine qu'il n'a pas toutefois étudiés d'assez près pour faire la comparaison avec le rat musqué (1). Il sait néanmoins regarder, ce qui est la première qualité du médecin et du savant.

Ses études terminées à Paris, il va prendre son titre de docteur à Reims. On a beaucoup discuté sur ce point (2) et personne n'a voulu choisir entre Reims et Rennes. Il ne peut cependant y avoir de doute possible pour l'excellente raison (3) qu'il existait alors à Reims une école de médecine et qu'il ne s'en trouvait point à Rennes. Du reste l'ortographe employé dans le registre du Conseil Souverain "Rens" ne peut correspondre comme prononciation à autre chose que *Reims*. Et trente ans plus tard, c'est dans cette ville que le fils viendrait à son tour reprendre la trace du père.

L'intendant Champigny, comme le dit l'abbé Tremblay, désirait fortement le retour au pays de cet excellent médecin que l'on manquait dans la colonie (4). Ecrivant au ministre le 6 novembre 1695, il insiste sur ce retour en sollicitant un traitement de six cents livres pour celui qui " après avoir acquis une expérience consommée dans les fonctions de chirurgien en ce pays pendant six ou sept ans,

---

(1) Lettre de Sarrazin Bibl. de Reims, loc. cit.
(2) Mgr Laflamme loc. cit.
(3) Note fournie par Mgr Amédée Gosselin.
(4) Lettre de l'abbé Tremblay déjà citée.

a été en France pour achever de se perfection-
ner dans l'étude de la médecine " (1).

Sarrazin attendra encore et différera de
longtemps son voyage malgré ces sollicita-
tions. Puis lorsqu'il s'embarquera formé dans
ce milieu spécial au contact du monde savant
à un moment où celui-ci se développe et utilise
tous les rapports possibles de l'étranger, c'est
avec des charges définies, dans un but tout autant scientifique que médical qu'il va rejoin-
dre son poste (2). Et Tournefort est peut-
être dès cette époque directement intéressé à
la chose.

On ne se leurre pas sur le fait, même en
Nouvelle-France:..... "Comme il y a lieu de
l'apprendre que le sieur Sarrazien a eu d'autres veuës en revenant au Canada que celle de
traiter seulement les malades, s'appliquant
beaucoup aux dissections des animaux rares
qui sont en ce pays, ou à la recherche de plantes inconnuës, on a tout lieu de croire et de
craindre qu'après qu'il se sera pleinement satisfait là-dessus, *ou plutôt quelques personnes
de conséquence de sa profession,* qui nous paraissent avoir bonne part à ces sortes de recherches, il ne s'en retourne en France, flatté
de leur protection et de son avancement par
leur moyen... " (3).

---

(1) Lettre citée par Mgr Laflamme loc. cit.
(2) Mgr Laflamme, loc. cit.
(3) Arrêts du Conseil de Québec 1694-1702.

Voilà évidemment des relations que Sarrazin ne s'était pas créées par correspondance seulement, (à cette époque on n'avait pas encore publié ses principaux travaux) mais qu'il avait fortement établies lors de ses études à Paris en prouvant ses dispositions et aptitudes à ceux-là mêmes qui étaient susceptibles d'en juger et en mesure de les apprécier à leur valeur. C'était le moment où Tournefort était chargé par le roi de cette mission dans le Levant dont nous parlions tout à l'heure, mission où allaient l'accompagner Gundelsheimer et le dessinateur Aubriet, il était naturel que l'on ne craignît pour Sarrazin une simple expédition de même ordre en Amérique et un retour précipité auprès de l'Académie et des milieux scientifiques, assurément plus attrayants que la forêt et les neiges, et offrant surtout plus de facilité de travail à un esprit averti et chercheur.

Plus que jamais la colonie, où l'on avait souffert de sa longue absence se rendait compte de sa valeur médicale et désirait se l'attacher du simple point de vue professionnel. Le malade s'intéresse peu à la science pure, c'est au guérisseur qu'il s'adresse et malgré le nombre imposant de chirurgiens disséminés en Nouvelle-France et dont certains ne manquaient pas de réputation, la confiance allait surtout à Sarrazin déjà bien vu au départ, mais bénéficiant en plus de toute la réclame fournie par ce séjour prolongé en France, les nouvelles études qu'il s'était imposées et le titre de docteur en Médecine rapporté par lui, titre encore une fois peu fréquent au nouveau monde.

Pour l'époque, sans aucun doute, il ne fut pas moins bon médecin qu'il ne se montrait biologiste d'envergure. Et la clientèle canadienne était tout aussi nombreuse que variée dans un pays où les rigueurs du climat et les difficultés matérielles de la vie s'alliaient à l'isolement et à la morbidité. Les maladies épidémiques faisaient encore partout de par le monde des ravages heureusement inconnus de nos jours.

CHAPITRE III

MICHEL SARRAZIN, MÉDECIN-CHIRUR-GIEN EN NOUVELLE-FRANCE

CHAPITRE III

MICHEL SARRAZIN, MÉDECIN-CHIRURGIEN EN NOUVELLE-FRANCE

Le retour. — Épidémies. — La constitution médicale. — La médecine chez les sauvages. — Sarrazin médecin. — Sa thérapeutique. — Sa pratique chirurgicale. — L'expertise médico-légale. — Le contrôle scientifique des miracles. — Médecin des hôpitaux. — Les charlatans. — La valeur de Sarrazin au point de vue médical.

Pour se remettre à l'œuvre et reprendre la pratique, Sarrazin n'allait même pas attendre d'avoir mis pied à terre. Il rentrait en Nouvelle-France en 1697 sur l'escadre commandée par Monsieur Nemond, comprenant plusieurs vaisseaux et sur laquelle revenait Monseigneur de Saint-Valier. Une épidémie sérieuse sévissait à bord et les passagers de la *Gironde* surtout furent éprouvés. L'évêque fut gravement malade et seul " un monsieur Sarrazin put le sauver " (1), se dévouant à tout l'équi-

---

(1)   Archives de l'Hôtel-Dieu.

page, contractant lui-même le "pourpre" (1).
Cette maladie alors fréquemment épidémique
décrite dans la première moitié du XVIIe siècle par Rivière de Montpellier, est peut-être
avec le scorbut et la variole celle qui causait à
l'époque le plus de ravages au pays. Elle ori-
ginait souvent comme le scorbut au cours de
ces longeus et pénibles traversées où l'organisation sanitaire faisait totalement défaut, au
même titre qu'on l'a souvent rencontrée dans
les prisons insalubres. Affection hémorragi-
que très grave lorsqu'elle sévissait ainsi à l'é-
tat aigu, elle s'attaquait sous forme de fièvre
éruptive à tous ces sujets débilités, mal ali-
mentés et exposés pendant de longues semaines aux fatigues du voyage, au froid et à l'hu-
midité. Elle se communiquait ensuite aux habitants, et dans le milieu hospitalier au personnel surmené. A l'arrivée de la *Gironde* le 8
septembre, l'Hôtel-Dieu est rempli et débor-
dé ; plusieurs religieuses furent atteintes, auprès desquelles Sarrazin rétabli, continua d'exercer ses intelligents services (2). En effet
il les sauva toutes et se dévoua jusqu'au bout.
Il se prodiguait également au dehors et ses
succès furent tels,—il ne perdit à peu près pas
de malades, alors qu'une épidémie semblable
douze ans auparavant en avait emporté plus

____

(1) On la désigne aujourd'hui sous le nom de "pur-
pura" dont il existe plusieurs variétés.

(2) Archives de l'Hôtel-Dieu.

de huit cents (1),—qu'il fut assiégé de toutes parts, donnant par écrit des consultations aux chirurgiens et curés du voisinage.

Un tel succès venant s'ajouter dès l'arrivée à une réputation déjà établie ne pouvait manquer de lui créer aussitôt une situation d'estime et de stabiliser la confiance. Dès le 15 octobre la mère St-Ignace de l'Hôtel-Dieu, redoutant un mois après le retour un nouveau départ, ne manque pas de s'écrier: " Que Dieu bénisse un si sage, si vigilant et habile médecin, et qu'il inspire au ministre de lui donner quelque bonne pension qui l'attache en ce pays " (2).

Nous avons dit la fréquence de ces maladies contagieuses. L'une succédait à l'autre et les descriptions en sont parfois terrifiantes.

Vers la fin de l'année 1700, le pays fut en proie à une de ces épidémies de grippe dont notre génération connaît la marche meurtrière. Toute la région fut atteinte au point que les chanoines en mission ne pouvaient quitter leurs postes et qu'il fut un moment où au Séminaire un seul prêtre en santé, l'abbé Pocquet, ne suffisait plus " à administrer les sacrements et enterrer les morts " (3). C'est cette épidémie qui emporta, outre les chirurgiens

(1) Régistre des arrêts du Conseil Supérieur 1694-1702.
(2) Archives de l'Hôtel-Dieu.
(3) L'abbé Auguste Gosselin: " M. de Bernières ".

Beaudoin et Roussel (1), hommes réputés, le premier curé de Québec, Monsieur de Berniè-res (2).

Deux ans plus tard la variole apparaissait à son tour et cette succession ininterrompue de calamités ne manque pas d'énerver les esprits. Les craintes inspirées par ces fléaux et la sensation de sécurité découlant par contre de la présence de Sarrazin justifient pleinement et suffisent à expliquer cet attachement sans cesse grandissant, si nettement témoigné à chaque page où l'on retrouve son nom.

Cette épidémie de variole de 1702 et 1703 mérite qu'on s'y arrête : sa gravité, son origine, la rapidité et l'étendue de son développement illustrent bien les conditions en épidémiologie.

Les annales de l'Hôtel-Dieu en fournissent une description fort intéressante :

"M. de Beauharnois qui venoit intendant arriva le 29è d'aoust, il fut reçu avec de grands honneurs...Il passa pour la première année le plus cruel hyver qui se soit peut-être jamais vu en Canada, non pas par la rigueur du froid qui fut assez tempéré, mais par la facheuse picotte qui désola toute la nouvelle france. Ce fut un sauvage venant d'orange qui nous l'apporta l'automne, il en mourut à

---

(1) Ahern loc. cit.
(2) L'abbé Gosselin loc. cit.

Québec et on l'enterra honorablement comme
un chef.

"La maladie commença par la maison où il
avait demeuré et se communiqua en peu de
temps partout avec une fureur incroyable, il
n'y eut point de maison épargnée dans la ville,
ceux qui conservaient leur santé ne suffisaient
pas pour soulager les malades, les familles entières se trouvaient frappées de ce mal et le
peu de soins qu'ils recevaient, joint à l'infection et à la malignité de cette peste les faisoit
mourir fort promptement. Il est vray qu'il en
mourut un grand nombre à qui rien n'avait
manqué et que l'effroy s'étant mêlé dans cette
affliction générale, plusieurs moururent de
peur seulement sans qu'on put remarquer sur
leurs corps aucune apparence de petite vérole.

"La mortalité fut si grande, que les prêtres
ne pouvant suffire à enterrer les morts et assister les mourants, on portoit chaque jour
les corps dans l'église de la basse-ville ou dans
la cathédrale sans aucune cérémonie, et le soir
on les inhumoit ensemble quelquefois jusqu'au
nombre de quinze, seize et dix-huit. Celà dura
plusieurs mois, en sorte que l'on comptoit sur
les registres mortuaires plus de deux mille
morts dans Québec sans parler des environs
qui n'eurent pas un meilleur sort. Jamais on
n'a tant vu de deuil, chacun pleuroit ses pro-
ches l'un sa femme, l'autre son mary, celuy-cy
son frère, celuy-là ses enfants, les orphelins

pleuroient leur père et leur mère, tout le monde étoit dans les larmes et pendant tout l'hyver on ne fit des assemblées que pour des funérailles. Ceux qui n'êtoient pas attaquez de ce mal fuyoient les maisons où il y avoit des malades mais malgré leurs précautions, ils êtaient pris a leur tour, et mouroient comme les plus exposez.

"Nôtre hôpital fut rempli d'une si grande quantité de malades, que ne pouvant tous les y loger, et n'ayant pas d'endroit chaud pour les mettre, nous les plaçames dans le Choeur, on interrompit les observances et nous retardames les vêtures de mes Soeurs Jeanne Geneviève Beaudri de la Conception, et fraçoise Auclair de St-Bernard qui êtoient entrées icy dans le cours de l'été, parceque dans cette désolation publique nous n'avions pas le tems de nous reconnoître. Nos R^{ses} tombèrent malades en si grand nombre dès le commencement, qu'il n'en resta pas assez de saines pour soigner les malades de nos sales, et de nos infirmeries, c'est pourquoy nous acceptames l'offre que plusieurs bonnes veuves nous firent de nous rendre service. Elles venoient pour avoir soin des religieuses malades et les R^{ses} qui se portoient bien avoient soin des sales, car nous ne voulûmes pas faire servir les pauvres par des seculières. Ce fût un espèce de bonheur de ce que nous essuyâmes les premières les rigueurs de ce fléau, parceque cela nous mit en état de soulager les autres dans le temps qu'ils en eûrent le plus de besoin, et cela nous donna aussy l'expérience qu'il falloit avoir pour les traiter, il en mourut peu à l'hôpital en comparaison de ce qui mourroit dans la ville, ce qui redoubloit l'empressement qu'on avoit de venir chez nous " (1).

Ce très sombre tableau qui nous révèle certains aspects du Moyen-Age et de la peste de Marseille permet aussi des rapprochements avec les temps modernes et les fléaux fort heureusement plus rares et mieux contrôlés, susceptibles encore de terroriser le public dans une certaine limite.

Ce côté de la pratique médicale journalière, en somme ou presque, donne aussi à ces temps un caractère particulier différenciant la médecine d'alors de celle du jour, et la laissant plus dénuée encore dans un pays où son exercice était par ailleurs difficile.

Épidémies apportées par les vaisseaux, naissant sur place ou occasionnées par des voyageurs indigènes, démontrent les nombreuses causes de contagion toujours menaçante pour la population. Mais à cela ne se limite pas la constitution médicale du siècle. Le genre de vie, la dureté du climat exposaient les habitants quels qu'ils fussent, indiens ou Français, à des accidents assez fréquents. Parmi ceux-

____

(1) Annales de l'Hôtel-Dieu.

ci, Kalm dans sa relation de voyage (1) ne manque pas de signaler les rhumatismes et les affections pulmonaires; on sait d'autre part la fréquence du scorbut et sur ce point les données modernes sur les maladies par carence sont venues fournir l'explication qu'on attendait et préciser ces accidents dus au régime alimentaire défectueux.

Parmi les infections il faudrait mentionner encore ce mal de Siam,—aujourd'hui la fièvre jaune,—plusieurs fois signalé et dont on constate une épidémie en 1709. Il ne faudrait pas négliger non plus la tuberculose dont les ravages sont assez accentués pour attirer l'attention en éveil de Sarrazin. Après avoir constaté son état endémique, il cherche les moyens de traitement efficace et ne craint pas de demander l'envoi d'ânesses dont le lait est réputé à ce moment pour le traitement de cette maladie. On fait droit à sa demande et le ministre soucieux de la santé de ses administrés ordonne d'expédier au pays ces animaux.

Si l'on joint à ces cadres nosologiques la kyrielle habituelle des affections chroniques qu'une vie difficile ne manquait d'aggraver, on peut facilement conclure que la clientèle ne faisait pas défaut à ces médecins du XVIIIè siècle et qu'ils trouvaient un champ fort varié où exercer leur compétence.

---

(1) Voyage de Kalm en Amérique. Mémoires de la Société Historique de Montréal 8è livraison 1880.

Il ne faut pas croire non plus que les sauvages d'Amérique aient attendu l'arrivée des blancs pour se soigner. Comme tous les peuples, ils possédaient leur médecine et leurs médecins. Une médication très simple et des régimes sévères, leurs tendances humoristes naturelles démontrent que leur thérapeutique cadrait assez avec celle des mondes civilisés (1). Leur clientèle ne relevait donc pas exclusivement des médecins dont les services étaient surtout appréciés auprès de la population française.

La pratique médicale de Sarrazin n'était pas moins heureuse en médecine courante qu'en épidémiologie. Il traite M. de Callières (2),—comme il sera le médecin de tous les gouverneurs,—d'une hydropisie très grave, puisque personne n'avait encore pu le guérir et le soulagea momentanément du moins. Il se fit sur le traitement de la pleurésie une réputation enviable (3), et écrivit sur le sujet un traité resté manuscrit dont le gouverneur de la Galissonnière lui-même put éprouver la valeur comme il le raconta à Kalm. Ce traitement de la pleurésie institué par Sarrazin consistait en l'alternance des sudorifiques et de la saignée, méthode suffisante pour nous rensei-

(1) Mémoire sur l'état de la Nouvelle-France, Bougainville Rapport de l'Archiviste de la Province de Québec 1923-1924.
(2) Archives de l'Hôtel-Dieu.
(3) Bibliothèque des auteurs de Bourgogne.

gner sur son mode thérapeutique. On ne tarit pas d'éloges sur sa grande valeur professionnelle : religieuses de l'Hôtel-Dieu, hommes politiques, clergé, voyageurs de passage, plusieurs années après sa mort (1) se font l'écho de cette valeur avec une insistance propre à le classer indéniablement en toute première ligne dans le domaine médical, bien avant que l'on n'aborde sa formation scientifique, et ceci d'autant plus sûrement qu'on ne peut avec son caractère lui supposer la moindre tentative de charlatanisme trop souvent propre à emballer la clientèle la plus avertie.

Cette notoriété a, même de ce point de vue, franchi les mers et ses connaissances thérapeutiques sont si bien reconnues qu'on ne craint pas de lui confier des recherches sur la composition de l'alkermès ou Daurifique de Glauber, qu'il est chargé de poursuivre avec le frère apothicaire des Jésuites (2). Or cet électuaire très en usage à l'époque était considéré comme un des médicaments importants dont il fallait bien connaître la composition très complexe. Sarrazin, comme le démontre la liste des produits utilisés durant son premier séjour, suivait l'enseignement thérapeutique dans ses données les plus larges et usait

____

(1) Kalm loc. cit.
(2) Archives Publiques du Canada (Archiv. Nationales Série B) Vol 48-2 page 20.

de tout avec l'esprit le plus ouvert et sans parti pris d'école, sans exclusivisme.

Ses travaux botaniques lui permettaient encore d'élargir ses connaissances pratiques. Il ne manque point de noter pour chaque plante recueillie et étudiée, les propriétés pharmaceutiques qu'on lui reconnaît au pays et l'usage qu'on en fait (1). Dans le catalogue des plantes envoyées par lui en 1704 au Jardin Royal, établi plusieurs années plus tard par Antoine de Jussieu, on retrouve sur ce point de nombreuses annotations. Ici c'est une angélique dont les propriétés sont superposables à celles de la ciguë et susceptible de produire des convulsions ; là c'est l'*aralia canadensis* dont la racine vulnéraire est utile pour le traitement des vieux ulcères et dont on peut encore apprécier les qualités apéritives, ou encore pour une autre espèce de la famille, c'est la guérison constatée d'un anasarque. L'*arum canadense* est propre au traitement des tumeurs, alors que l'*aster corona* est utilisé par certains au même titre que la bitoine dont on vantait les propriétés émétiques et purgatives, autant que son action révulsive et même son emploi connu depuis Galien dans l'épilepsie et les convulsions. D'autres sont diurétiques, d'autres tel l'*atoca* sont utilisées par les sauvages con-

____

(1) Catalogue des plantes envoyées par Sarrazin au Jardin Royal et établi par Antoine de Jussieu. Pièce conservée au Muséum de Paris. Cf. Pièces justificatives.

tre les "cours de ventre". Celle-ci a la réputation auprès des Iroquois de neutraliser le venin des serpents à sonnettes, celle-là provoque l'avortement, tandis que les chirurgiens du Canada et de l'Acadie emploient le *physolacea americana majori fructu* comme purgatif. Mais Sarrazin s'il rapporte consciencieusement les données qu'on lui fournit d'un bout à l'autre du pays, en détaillant même la manière dont on utilise chaque espèce, la partie de la plante dont on vante les propriétés, tel cet *arbor acadiensis* qui porte une *gousse contenant entre chaque semence une liqueur balsamique* dont les sauvages se servent pour les blessures, Sarrazin n'admet pas tout. Aussi lorsqu'on prétend que telle écorce appliquée sur les cancers en calme la douleur, bien que le traitement soit préconisé par l'abbé Gendron, Sarrazin n'en convient pas. C'est un parfait éclectique à tendances humorales basées sur l'expérimentation et l'observation.

C'est précisément là qu'il est facile de constater sa formation supérieure et son sens médical. Le médecin chez lui est assez outillé pour ne point verser sans contrôle dans le charlatanisme facile. Surtout s'il s'agit d'une affection essentiellement chirurgicale, son premier entraînement vient compléter ses connaissances et équilibrer ses opinions.

Ses notions, sa pratique et son habileté ne sont pas moindres, sur ce sujet. En abordant la médecine, il n'a pas abandonné la chirurgie, mais est devenu un chirurgien moderne imbu de l'aphorisme d'Hippocrate : " Ce que les médicaments ne guérissent pas, le fer le guérit ; ce que le fer ne guérit pas le feu le guérit ; ce que le feu ne guérit pas doit être regardé comme incurable " (1).

On le voit appelé à traiter des blessures, à juger de leur gravité, ce qui certes est assez banal et du domaine de tous ses confrères. Mais il va plus loin, et c'est dans la chirurgie de grande envergure pour l'époque que l'on peut juger plus facilement de sa valeur. Or il s'exerce à celle-ci à l'Hôtel-Dieu et y jouit sous ce rapport d'une réputation tout aussi enviable que dans l'exercice médical. C'est en ces termes que s'expriment encore les annales de la maison, à propos d'une intervention assez importante pratiquée sur une religieuse :

" Dès le petit printemps de l'année 1700, la chère sœur Marie Barbier de l'Assomption, Congréganiste, descendit de Montréal pour se faire guérir chez nous d'un cancer qu'elle avait au sein. Elle avait déjà demeuré quatre mois dans notre communauté en 1698, où on la traita pour ce même mal, qui étant depuis considérablement augmenté l'obligea d'y revenir ; et après quelques préparations, *Monsieur Sarrazin, aussi habile chirurgien que savant*

---

(1) Aphorismes d'Hippocrate, traduction Littré, septième section, page 243, paragraphe 87.

médecin, lui fit très heureusement l'opération le 29ème de maî ; c'était le seul remède qui pouvait l'empêcher de mourir. Elle s'en retourna l'automne à Montréal parfaitement guérie " (1).

Cette cliente de Sarrazin est par plus d'un point, une des plus intéressantes dont l'histoire nous soit parvenue. Elle fut en effet la deuxième supérieure de la Congrégation et durant son long règne à la communauté, elle occupa à plusieurs reprises des charges importantes (2). Reconnue pour sa grande piété, elle laissa chez ses sœurs une réputation de sainteté établie par toute sa vie de devoir et de mortifications. On attribue à ses pratiques de pénitence la lésion dont elle souffrait et qu'eut à traiter le chirurgien. C'est à la suite du port constant de cilices, de corsets et de ceintures hérissées de pointes que la tumeur apparut (3). Peut-être est-ce la raison pour laquelle Sarrazin n'intervint pas lors du premier voyage de la religieuse à Québec, croyant à une lésion irritative. Elle y venait résignée à tout et convaincue de la gravité de son mal. Longtemps elle en avait supporté les atteintes, continuant ses fonctions, lorsque Monseigneur de Saint-Valier conseilla de la faire voir par Monsieur Sarrazin, étant donné les pro-

-----

(1) Annales de l'Hôtel-Dieu.
(2) Montgolfier: Vie de Marguerite Bourgeois.
(3) Montgolfier: Vie de la soeur Barbier.

grès rapides en 1698. Elle subit un traitement médical impuissant à la soulager. Très probablement, Sarrazin dut tenter l'efficacité de cette écorce à laquelle on attribuait tant de vertus curatives dans le cancer, et l'insuccès le confirma dans son opinion.

Lorsqu'en 1700, après la mort de Marguerite Bourgeois, elle revint à l'Hôtel-Dieu, son état semble désespéré et il ne reste plus en dernier ressort que l'intervention à tenter. Sarrazin la vit le jour de son arrivée et ne put que constater les progrès de la maladie: " Quelque parti que je prenne, disait-il, je vois la sœur de l'Assomption en danger d'une mort prochaine. Si on ne lui fait pas l'opération elle mourra certainement et sous peu de jours, son mal empirant à vue d'œil ; et tenter l'opération c'est lui donner presque infailliblement le coup de mort, n'y ayant quasi pas d'espérance qu'elle la soutienne et moins encore qu'elle en puisse guérir " (1). En chirurgien éclairé, il prépara l'intervention par un traitement local et procéda à l'amputation dix jours plus tard, après avoir voulu lui-même en grand chrétien s'approcher avec sa cliente et toute la communauté de l'Hôtel-Dieu de la sainte table (2). Ce geste de foi nous rappelle plus d'un siècle à l'avance, la constante pratique religieuse du grand Récamier. Les résultats fu-

____

(1) Montgolfier: Vie de la Soeur Barbier.
(2) Idem.

rent des plus heureux, après une alerte au cours de la convalescence, et la Mère Barbier accomplit à Notre-Dame-de-Lorette et à St-Joseph-de-Lévy de pieux pèlerinages, vœux faits pour sa guérison.

Retournée à sa communauté, elle reprenait ses pleines fonctions l'année suivante et pendant dix-neuf ans encore, continuait sa vie de charité et d'enseignement. Elle ne mourut qu'en 1739 à l'âge de soixante-dix-sept ans (1).

Il était intéressant de suivre Sarrazin auprès de cette malade pour juger en même temps de son tact médical, de sa conscience professionnelle, de son habileté chirurgicale et de sa haute valeur religieuse et morale. On perçoit aussi par là toute l'attention portée à cette cliente et l'immense effort accompli pour consulter à tout prix l'homme réputé compétent.

Quelques mois plus tard, Sarrazin pratiquait sur une autre religieuse la même opération (2). Les annales de l'Hôtel-Dieu ajoutent qu'il fit de nombreuses interventions des plus importantes. Cette pratique chirurgicale n'était cependant point aussi étendue que pourrait le faire supposer au premier abord, la

---

(1) Régistre de Ville-Marie 20 mai 1739. Renseignements transmis par la Révérende Mère Supérieure de la Congrégation Notre-Dame à Montréal.

(2) Mgr Laflamme loc. cit.

grande extension de la chirurgie moderne. On
en a la preuve dans le simple fait que Sarrazin lui-même mentionne l'opération d'une fistule faite en 1717 comme un incident remar-
quable, dans une lettre à l'abbé Bignon. Il est
vrai d'ajouter que dans ce même mois, il avait
constamment eu à traiter plus de quatre-vingts
malades (1).

Il est très curieux d'observer avec quelle
fréquence et cela dans tout le pays, on poursuit des enquêtes médico-légales de toutes natures. L'expertise est la règle dans la moindre affaire criminelle, qu'il s'agisse de coups
et blessures, d'une simple rixe, d'affaires de
mœurs, de constats médicaux, de certificats
variés, d'assassinats supposés. Certains ont sur
le sujet une réputation très assise, tel Fores-
tier à Montréal (2), qui semble un expert attitré. On les associe souvent deux à deux pour
poursuivre leur enquête et les choses se passent au mieux sans qu'il soit question de ces
divergences néfastes, qui de nos jours ont
troublé à tel point l'expertise, qu'elles lui ont
enlevé en partie sa valeur.

Sarrazin apparaît souvent dans ces sortes
d'affaires. Il y a fait ses débuts, nous l'avons
vu, dès son premier séjour lors d'un duel. Par-

_____

(1) Lettre de Sarrazin à M. l'abbé Bignon 5 novembre 1717. Archives de l'Académie des Sciences. Cf. pièces justificatives.

(2) Mgr Laflamme loc. cit.

mi les causes importantes auxquelles il se trouve mêlé, il faut citer entre autres celle où avec Lajus il eut à examiner le sieur Corriveau, et surtout l'enquête qu'il poursuivit à Beaumont sur le cadavre de La Chaume assassiné et trouvé sur la grève de l'endroit dans un état avancé de décomposition, enquête dont il fut chargé par le Conseil le 23 octobre 1702.

Ces expertises établissent encore combien l'on visait à l'organisation aussi parfaite que possible au point de vue administratif. En effet s'il est incontestable que la médecine légale existait aux temps les plus reculés, il reste hors de doute que la constitution criminelle " la Caroline " en Allemagne au XVIè siècle et l'ordonnance criminelle de Louis XIV en 1670 en sont le point de départ efficace (1). A dater de 1692 les experts officiels étaient déjà chargés en France des visites et rapports. Il n'en est pas moins étonnant que ces données fussent si scrupuleusement observées dans la colonie.

Cette expertise médicale trouve aussi un autre champ d'action dans un domaine très différent. C'est avec un sens critique des plus avertis, qu'on cherche dans un siècle, où pourtant la naïveté s'exerçait sans merci jusque dans Paris, pour tout ce qui touchait au mys-

______

(1) LeGrand Du Saule : Traité de Médecine légale.

tère, à vérifier les miracles aussi scientifiquement que possible. Qu'il s'agisse d'une affirmation de Jean Coutard, chirurgien du Roy à Québec, relatant la guérison miraculeuse survenue aux Trois-Rivières, grâce au frère Didace Pelletier, récollet, chez un malade atteint d'une tuberculose du genou (1) ; ou bien que l'on relise le certificat délivré au même endroit par le chirurgien Duguay, alors que l'on recueille des témoignages de guérisons dues à la même intervention, sur un malade guéri lui aussi d'une affection du même type (2), les faits sont également curieux.

Sarrazin prit part à une constation de cet ordre au sanctuaire de Sainte-Anne-de-Beaupré. L'incident est assez spécial et établit une fois de plus les précautions dont on entourait soigneusement l'étude de ces faits. Le miraculé est un blessé de St-Laurent, île d'Orléans, qui plusieurs mois auparavant s'est fait couper le tendon rotulien d'un coup de hache. Traité sucessivement par deux chirurgiens, le sieur Le Conte de Château-Richer et un sieur Belle-Isle de Québec sur lequel on manque de renseignements (3), il est resté impotent, le membre ballant, par défaut de cicatrisation. Au cours d'un pèlerinage à Ste-Anne, au printemps de 1700, il y rencontre l'intendant et

______

(1) Ahern loc. cit.
(2) Idem.
(3) Il n'est pas cité par Ahern.

madame de Champigny, qu'accompagne Sarrazin. Ce dernier assiste à la guérison et, après interrogatoire et examen, atteste que le fait est miraculeux et n'aurait pu se produire naturellement (1). Son témoignage est celui d'un homme "fort expert en la connaissance des blessures aussi bien que des maladies " (2).

Les rédacteurs des mémoires de Trévoux firent de leur côté de grands éloges de Sarrazin, à propos d'une constation singulière qu'il fit un jour à l'Hôpital Général (3) sur le corps de trois religieuses mortes de la petite vérole et dont les cadavres ensevelis dans la chaux étaient parfaitement conservés. Ce procès-verbal qui tient à la fois de l'enquête médico-légale et du procès pour miracle, vaut d'être consulté (4). Les conclusions n'en sont guère précises cependant: " Qu'on regarde la chaux comme étant éteinte ou comme étant vive, j'avouerai ingénument que le fait est problématique ; mais s'il fallait cependant décider, je ne pourrais moins dire sinon qu'il y a de l'extraordinaire, et je pourrais peut-être sans témérité en dire davantage " (5). Voilà certes

---

(1) Archives du Séminaire Procès verbal de M. Leveyer, curé de Ste-Anne du Petit Cap. Cf. pièces justificatives.

(2) Idem.

(3) Cité par Mgr Laflamme loc. cit.

(4) Histoire de Mgr de Saint-Valier et de l'Hôpital Général.

(5) Cité par Mgr Laflamme loc. cit.

comme le dit si bien Monseigneur Laflamme, un esprit scientifique sur la mentalité duquel on ne peut se tromper et qui par ses procédés se classe dans la lignée ouverte par Harvey et continuée depuis par la " traînée lumineuse " des grands expérimentateurs.

L'opinion publique et politique n'avait pas tardé à se rendre compte de la valeur d'un tel homme. Malgré des démarches répétées, le ministre n'avait pas voulu accorder à Sarrazin au début un brevet de Médecin des Hôpitaux, il redoutait surtout des demandes subséquentes d'appointements (1). En 1700, le Roy le nomme définitivement médecin des hôpitaux de la Nouvelle-France (2).

On n'avait pas attendu cette ratification qui portait avec elle un traitement. Sarrazin était médecin de l'Hôtel-Dieu, de l'Hôpital Général et de la communauté des Ursulines. Il réunissait donc tous les services officiels, et partout faisait honneur à sa situation. Dans sa vaste clientèle qui s'étendait beaucoup au dehors de Québec, il comptait encore tous les clients de marque. Médecin, nous l'avons dit, des gouverneurs et intendants, il fut aussi celui de Monseigneur de Laval (3) et de Monseigneur de Saint-Valier. La quantité et la qualité, tout

---

(1) Lettre du Ministre à l'intendant Bochart Champigny. Archives de la Province de Québec.
(2) Cf. Pièces justificatives.
(3) Lettres du frère Houssard, cité par Mgr Laflamme loc. cit.

y était et l'on finit par se demander, comment il pouvait en même temps répondre à un tel appel, pousser de tels travaux scientifiques, s'occuper encore de l'administration, s'intéresser à certaines questions matérielles et traiter même d'affaires commerciales.

Tout concourt, la pratique, la clientèle et les clients de marque. Quels étaient en regard les confrères de cet homme supérieur et comment était-il entouré au point de vue professionnel ? Il y en avait de toutes classes, il n'en faut pas douter.

Chirurgiens des villes et des campagnes, les uns jouissent d'une certaine réputation et semblent jouer un rôle dans la colonie ; les autres humblement passent à peu près inaperçus. Presque tous, à tour de rôle, agissent comme experts et c'est surtout là que l'on retrouve leurs noms. En tête se rencontrent des chirurgiens de l'Hôtel-Dieu et de l'Hôpital Général, les lieutenants du premier chirurgien du roi, les médecins des troupes, tous bénéficiaires des octrois royaux. Parmi ceux-là, il faut citer à Québec, Berthier, qui, avec Sarrazin, fut le médecin de Monseigneur de Saint-Valier et l'embauma après sa mort (1). Il jouissait d'une réputation assez marquée et fut chirurgien de l'Hôtel-Dieu qu'il quitte en 1725. Il est même probable que ce fut avec lui que Sarrazin eut

____

(1) Ahern loc. cit.

certaines difficultés à l'hôpital, lorsque dans une lettre de 1726, il fait allusion en ces termes, à des remarques de son correspondant sur une mésentente entre confrères : " Ce que vous apelé tracasserie, terme qui convient parfaitement à la conduitte du chirurgien de notre hôpital qui ne voulait point de subordination est amoindry, fort humilié pour cela et pourquoi, pour avoir voulu trop s'élever et n'avoir pu soutenir la gageure, comme j'aime la paix quelques cas épineux l'ont dérangé, plusieurs se sont plain avec moi ce qui a fait venir quelques ordres qui l'ont mis à la raison, d'ailleurs ce que j'ai fait n'a été que pour le bien des malades " (1). Ce passage suffit à établir que les relations entre confrères ne différaient guère de ce qu'elles sont encore et entraînaient déjà des mésententes fréquentes dans la profession. Les situations ne changent point sous ce rapport malgré les progrès de la civilisation. D'autres tels Benoît qui remplit à lui seul pendant un temps les fonctions de chirurgien de l'hôpital de Montréal où il s'adjoint son fils, né au pays et devenu médecin par ses seules études locales (2). D'autres encore comme Alavoine, à l'hôpital des Trois-Rivières, ajoutent à leurs devoirs professionnels et augmentent leurs émoluments par leur participation aux deniers du culte à titre de

____

(1) Lettre de Reims.
(2) Ahern loc. cit.

maître chantre de la paroisse (1). Ou bien ce sont des dynasties médicales telle celle des Soupiran, qui, de père en fils, pendant trois générations pratiquent la médecine à Québec sans autre formation que celle transmise de l'un à l'autre, renouvelant la charge héréditaire de la Grèce antique.

Les protestations s'élèvent à certains moments sur la trop grande liberté de la pratique médicale, liberté persistante jusqu'en 1788 (2). C'est ainsi que Lajus, médecin de l'Hôpital Général, associé à Sarrazin dans certaine expertise, voudrait en 1712 obtenir du Conseil qu'à l'avenir le nombre des chirurgiens pratiquant à Québec soit limité à quatre, et "en conséquence faire deffences à tous chirurgiens qui pourraient venir sur les navires tant d'Europe et des pays étrangers que d'ailleurs d'y traitter, pencer et médicamenter aucunes personnes ny mesme vendre ny détailler aucuns remèdes sous quelque prétexte que ce puisse estre a peine de deux cents livres d'amande et de confiscation de tous leurs remèdes, Instruments et médicaments, mais seulement de les vendre en gros" (3).

Ou bien c'est le sieur Sylvain, pratiquant à Montréal et se plaignant de Benoit, plainte

____

(1) Ahern loc. cit.
(2) Testard de Montigny "Histoire du Droit canadien", Montréal, 1869.
(3) Ahern loc. cit.

pour laquelle on fait intervenir le gouverneur
(1). Ou c'est au sujet du même Sylvain, du
reste d'origine irlandaise, une lettre de Beauharnois qui demande de lui faire subir un examen devant Sarrazin, pour se rendre compte
de ses connaissances, étant donné qu'il ne s'est
procuré un brevet de médecin que par son al-
liance au pays (2).

Sarrazin encore là est considéré comme le
seul homme pouvant juger de ces questions.
On admet en fait que sa présence suffit à re-
hausser le niveau professionnel et que par sa
valeur et ses connaissances, il contribue à faire travailler ses confrères et les force à se développer, à maintenir en ordre leur arsenal
thérapeutique et matériel, à pratiquer conve-
nablement leur art.

On ne peut enfin fermer cette liste sommai-
re de collègues d'importance, sans ajouter un
mot sur ce Timothée Roussel, illustre proces-
sif, médecin de l'Hôtel-Dieu qui semble bien
avoir eu des difficultés avec toutes les classes
de la population, depuis ses serviteurs jusqu'à
ses clients et dont les bureaux très fréquentés
étaient situés rue Buade, où il construisit lui-
même la trop fameuse maison du "Chien
d'Or". C'est dans le groupe un caractère ori-

____

(1) Archives publiques du Canada, lettre à M. M. de
Beauharnois et Dupuy.
(2) Lettre de Beauharnois 1727 in Bult. des Recherches historiques, Vol. 23 pages 325.

ginal ne manquant pas de faire beaucoup parler de lui jusqu'après sa mort.

Puis ce sont tous ceux qui, plus modestes encore, pratiquent une médecine souvent rudimentaire dans la campagne, joignant parfois à leur profession des charges d'importance, tel René Cochon, juge bailli de St Laurent île d'Orléans (1) ou Garon praticien de Ste-Anne-de-la-Pocatière s'intitulant pompeusement chirurgien-major (2).

Autour de ce monde médical, ne fût-ce seulement que de nom, il faut ranger aussi la longue liste de charlatans dont quelques-uns fort illustres acquirent parfois des réputations dépassant alors comme aujourd'hui celle des corps constitués. Ils furent nombreux et de toutes classes. Il ne s'en faut point scandaliser. Si dans nos civilisations le charlatanisme grossier jouit d'un plein succès à côté d'un charlatanisme plus raffiné qui sévit souvent jusque chez les fils d'Esculape, il n'est pas déplacé de retrouver cette forme de la médecine populaire dans une colonie du XVIIIè siècle.

Il faudrait d'abord mettre dans une classe à part les frères Boispineau, apothicaires chez les Jésuites, dont l'aîné surtout, Boispineau l'ancien eut une réputation considérable (3).

___

(1) Ahern loc. cit.
(2) Idem.
(3) Sur le sujet Cf. Ahern loc. cit. d'où proviennent ces renseignements.

Boispineau l'ancien voyait souvent des malades délaissés par les médecins et exerçait même la chirurgie. Il pratiquait assez ouvertement la médecine pour qu'on puisse presque le considérer comme de la profession. On le consultait en haut lieu pour apprécier la note contestée de tel chirurgien en vue, ce qui cadrait peut-être avec ses fonctions régulières d'apothicaire. Il n'y a en fait aucune illusion à se faire sur sa préparation peut-être supérieure à celle d'un grand nombre des confrères de Sarrazin. Il fut même consulté par des clients de ce dernier. Ces frères Jésuites, comme d'autres religieux, eurent longtemps dans la colonie un succès incontesté en la matière.

Puis s'alignent de nombreux rebouteurs et charlatans non moins importants bien que plus ignares. Hommes et femmes se partagent ces fonctions. L'une d'elles, Marguerite Désy, fut aussi célèbre par ses guérisons que par sa conduite scandaleuse (1). Marguerite était née aux Trois-Rivières.

D'autres collègues vinrent s'installer après avoir acquis en France leur pouvoir guérisseur. De ceux-là Phlem (2) est peut-être celui qui eut la renommée la plus étendue et vit accourir chez lui, à Ste-Anne-de-la-Pérade, tous les laissés pour compte de la médecine canadienne. Il partageait cet honneur avec le

____

(1) Ahern "Quelques charlatans du régime français".
(2) Ahern Quelques charlatans etc.

sieur François Paris dit La Magdelaine, cordonnier venu de Franche-Comté à Québec, et soignant généreusement les malades avec sa femme non sans se faire grassement payer comme c'est la règle (1).

Si l'on ajoute à ces grands noms du charlatanisme les sages-femmes qu'on envoyait officiellement au pays avec un traitement fourni par le Roy, tel Magdelaine Bouchette passée en Nouvelle-France en 1722 sur la flutte le *"Chameau"* (2), et plus simplement ceux qui s'intitulent compagnons chirurgiens, comme David ou Gaschet engagés chez Roussel (3), l'on aura en somme tout le ban et l'arrièreban d'une profession où les adeptes de tous grades sont on ne peut plus multiples.

Et de cette courte énumération, Sarrazin ne sera que grandi. La réputation qu'on lui fait ne pourra que s'affirmer. Dans le monde médico-chirugical, il apparaît en pleine lumière, incontestablement supérieur par sa formation unique à ce moment, incontestablement aussi indiscuté sur ses connaissances et la valeur intégrale de sa pratique médicale. Si les témoignages que lui apportent ses concitoyens ne suffisaient point, sa haute compétence scientifique, nous l'allons voir, pourrait à elle seule faire vérifier la chose.

____

(1) Ahern: Quelques Charlatans, etc.
(2) Archives publiques du Canada lettre à M. de Vaudreuil et Bégon 1er Juin 1722.
(3) Ahern Notes pour servir etc.

L'homme qui allait édifier de toutes pièces
la science canadienne, sous le contrôle de l'A-
cadémie des Sciences elle-même, ne pouvait
être considéré comme un inférieur dans une
profession où l'esprit scientifique s'alliait déjà sensiblement à l'art.

A ses succès dans la clientèle et le service
hospitalier, tant en chirurgie qu'en médecine,
Sarrazin apportait le complément indispensable d'un esprit vraiment formé : une puissance d'observation et la curiosité du chercheur
qui feraient de lui un savant digne de son époque et peut-être en avance sur son siècle.

———

CHAPITRE IV

UN MEMBRE DE L'ACADÉMIE ROYALE DES SCIENCES

CHAPITRE IV

UN MEMBRE DE L'ACADÉMIE ROYALE DES SCIENCES

SARRAZIN BOTANISTE ET CHIMISTE.

Les académiciens. — Nomination de Sarrazin comme correspondant. — La recherche scientifique aux colonies. — Le Ginseng. — Un curieux manuscrit. — Les prédécesseurs au pays. — La manière scientifique de Sarrazin. — Les difficultés techniques. — Sarrazin herborise. — L'envoi de 1704 au Jardin Royal. — La suite. — La Sarracena purpurea. — L'érable et le sucre d'érable. — Les eaux minérales du Cap-de-la-Madeleine. — Sarrazin chimiste.

La réorganisation de l'Académie des Sciences suffirait à prouver tout l'intérêt que l'on portait aux sciences dans le Paris de Louis XIV. Les noms de quelques-uns des académiciens établissent sans contredit la haute valeur de cette société, peut-être jamais plus florissante qu'à cette époque. En voici un certain nombre dans tous les domaines, représentant l'élite du moment : Tournefort, Maupertuis,

Réaumur, de Fontenelle, les Bernouillis, Halley, Cassini, Boerhaave, Varignon, Roemer, Pierre le Grand, Mariotte, Marchant, Malebranche, de la Hire, Antoine et Bernard de Jussieu, voire même Newton (1), nommé associé étranger, l'année où Sarrazin devient membre correspondant, soit en 1699 et exactement pour ce dernier le 4 mars (2).

Ces hommes qui ouvraient la voie à l'esprit nouveau et allaient préparer les siècles modernes avec une précision trop souvent ignorée par la suite, ne voulaient pas limiter à leurs seuls travaux l'apport recherché. Ils s'évertuaient au contraire à étendre le champ, à utiliser toutes les sources accessibles, à fouiller au dehors tout ce qui pouvait élargir le domaine dont ils prévoyaient l'immense étendue. Sans mesquinerie et sans amour-propre, dénotant déjà le caractère essentiellement curieux et large du savant idéal, ils voulaient que tous ceux-là contribuent à l'œuvre qui étaient susceptibles d'y apporter leur part. La nomination de plusieurs d'entre eux indique à quel point ils savaient reconnaître que la science n'a pas de patrie ; le choix judicieux de leurs correspondants démontre combien ils apprécient la recherche poursuivie sur tous les coins

____

(1) Mgr Laflamme loc. cit. d'après l'Histoire de l'Académie et les tables de l'abbé Rozier.

(2) Bulletin des Recherches Historiques, XVIIIè, vol. page 88.

du globe et voulaient déjà établir ces relations qui sont devenues mondiales entre les groupes de chercheurs.

Mais étant donné les conditions existantes, on ne procédait pas dans ce choix de la même manière qu'aujourd'hui. Chaque académicien visait évidemment à s'apporter des concours propres à lui être utiles. Chacun allait donc cueillir, où il se trouvait, l'homme de sa connaissance dont la compétence lui apparût établie. C'est ainsi qu'à l'une des premières réunions: " Tous les académiciens présents nommèrent aussi les différentes personnes avec qui ils seraient en commerce sur les matières de sciences, soit dans les provinces, soit dans les pays étrangers " (1).

Tournefort pour sa part désigna Sarrazin, dont il avait pu, nous l'avons indiqué, reconnaître la valeur et plus peut-être encore l'esprit de recherche et la méthode de travail.

Depuis plusieurs années cette organisation scientifique extérieure existait d'une façon assez précise dans toutes les colonies. L'esprit aventurier de ceux qui allaient chercher par delà les mers de nouvelles terres et de nouveaux horizons, cadre naturellement avec l'esprit curieux du chercheur. On n'est guère complet explorateur sans être au moins partiellement savant et pour plus d'une raison fa-

---

(1) Mgr Laflamme loc. cit. d'après l'Histoire de l'Académie des Sciences

cile à comprendre. Aussi de toutes parts, ces travaux se poursuivaient-ils dans le domaine des sciences naturelles avec une régularité qui nous étonne.

Certains sujets qu'abordera Sarrazin en Nouvelle-France, ont déjà été très poussés ailleurs. Nous pouvons lire par exemple (1), une longue étude sur le *ginseng* rédigée par le père Jastoux en Chine. La plante fut également ment examinée au Canada par le père Lafitau. Il ne semble pas cependant que Sarrazin ait reconnu le *ginseng* aussi tôt qu'on l'a cru (2). Au contraire une lettre écrite à l'abbé Bignon en 1717, indique clairement que s'il a pu en envoyer un échantillon en 1704, il n'a fait que beaucoup plus tard le rapprochement entre la plante décrite et celle retrouvée en Chine. Ce passage le laisse entendre : " Il paraît ici une plante qu'on croit le Geinseng de Tartarie ou de la Chine, que les sauvages ont trouvée et qu'ils ont donnée aux Jésuites : ils en feront bien leur compte et nous demeurerons dans la bache, du moins moi qu'il y a vingt ans qui suis botaniste, et à qui malheureusement cette plante a échapé. J'envoie au jardin roial des racines vivantes de geinsing. Je prie Monsieur Vaillant de vous envoier des racines des-

---

(1) Fonds Verrault Archives du Séminaire, extrait de l'Académie Royale des Sciences 1718 page 41.

(2) Cf. Mgr Laflamme op. cit. — Elle ne figure pas au catalogue dressé par de Jussieu Cf. pièces justificatives.

séchées, afin de vous rajeunir si vous êtes âgé
et de bien soutenir votre jeunesse si vous êtes
assez heureux de l'être encore " (1).

Les missionnaires apportèrent pour leur
part à ces recherches une vaste collaboration.
Leur culture supérieure à celle des colons,
leurs contacts plus précis avec les indigènes
dans tous les pays, leur pénétration plus complète, leurs déplacements incessants les mettent à même de recueillir nombre d'informations. Les relations constantes qu'ils entre-
tiennent d'autre part avec leur communauté
leur permettent d'enregistrer leurs observations et d'accumuler de l'Orient à l'Occident
un matériel abondant.

Il existe sous ce rapport un fort curieux manuscrit qui remonte à plusieurs années avant
l'arrivée de Sarrazin et dont l'auteur fut, très
probablement, un Jésuite, bien que le document
ne soit pas signé. Cette pièce incluse au fonds
français du XVIIIè siècle de la Bibliothèque
Nationale (2), est intitulée : " Traite des animaux à quatre pattes terrestres et amphibies
qui se trouvent dans les Indes Occidentales ou
Amérique Septentrionale " suivi d'un " Traité
des oyseaux " et d'un " Traité des poissons ".
Ecrit de façon fort curieuse, outre certaines

(1) Lettre de Sarrazin à l'abbé Bignon 5 nov. 1717.
pièces fournies par l'Académie des Sciences. Cf. Pièces
justificatives.

(2) Nous avons pu consulter la copie que possèdent
les Archives publiques du Canada à Ottawa.

fantaisies dues à de faux renseignements, illustré de figures assez nombreuses, il dénote chez l'écrivain des connaissances spéciales manifestes et une culture supérieure. Celui-ci en effet ne manque pas de citer, outre Pline et Virgile et tous les auteurs anciens qui ont touché aux sciences, des institutions médicales importantes, telle l'École de Salerne, notions qui marquent l'étendue de ses recherches livresques. D'après certains passages et références à des missionnaires qu'il situe de façon précise, l'ouvrage dut être écrit vers 1675 (1).

Ce récit descriptif, parfois fabuleux, comporte cent soixante-treize pages où l'on trouve de tout, pour se terminer par certaines observations géographiques sur le St-Laurent, le Grand-Banc, Terreneuve, Anticosti, Tadoussac et l'île de Sable. Mais les chapitres captivants sont ceux consacrés aux mammifères, où l'on voit détaillés dans un style facile, leur description, leurs mœurs et les usages qu'on en fait. L'ours et l'orignal y sont étudiés à fond ; le castor et le rat musqué s'ils ne sont pas fouillés du point de vue anatomique, comme le fera plus tard Sarrazin, sont assez bien campés par rapport à leur mode de vie. Un long article a trait aux *escureux* dont tou-

____

(1) Il y est question par exemple d'une rencontre avec le père Allouès que l'auteur dit avoir rencontré à tel endroit où il se trouvait dix ans auparavant. Or les Relations établissent que le père Allouès se trouvait là en 1664.

tes les variétés sont décrites y compris celle que l'on désigne encore ici sous le nom de *suisse* et qui déjà est ainsi dénommée. Les oiseaux s'y lèvent et s'envolent depuis l'oiseau-mouche jusqu'à l'outarde et au huard. Les poissons y fourmillent du *flétan* à *l'atchigan* avec toutes les variétés de *truittes*, l'esturgeon et l'anguille et cette *petite moulue* dont la pêche est abondante jusqu'aux Trois-Rivières. Document de premier ordre, très complet et qui par son étendue montre bien à quel point l'histoire naturelle passionnait les premiers pionniers.

Pierre Boucher, gouverneur des Trois-Rivières, avait lui-même publié à Paris en 1665 une " Histoire naturelle de la Nouvelle-France, vulgairement dite Canada " (1).

Avant lui André Thevet, en 1558, abordait le sujet dans " Les singularités de la France Antarctique autrement nommée Amérique et de plusieurs autres terres et isles découvertes de notre temps ". Puis après cet auteur, Champlain lui-même, Nicolas Denis, le Récollet Louis Hennepin qui accompagnait La Salle, Jacques Philippe Cornut dans son ouvrage " Canadensium plantorum historia " Paris 1635, Dierreville, pour qui Tournefort créa le

---

(1) Penhallow " A Review of Canadian Botany from the first settlement of New France to the nineteenth century, Compte rendu Société Royale 1887.

genre *Diervilla*, apportent tous leur large part (1).

Sarrazin fait donc partie d'un groupe de chercheurs dispersés aux antipodes. Il est permis d'affirmer cependant que sa méthode et ses exposés le mettent bien au-dessus de la masse et le classent là comme en médecine d'une façon très précise. On est frappé à la lecture de ses travaux de retrouver chez lui non seulement toutes les qualités de l'observation la plus fine, nécessaire au savant, mais encore une conception des sciences biologiques lui faisant aborder les sujets les plus fouillés par le biologiste moderne. Anatomiste incomparable, dont les descriptions ne furent souvent pas dépassées, il pousse cette étude jusqu'à la constitution fine des tissus et des organes, qui peut être contrôlée sans crainte d'erreur par l'histologiste du jour. Physiologiste averti, il ne s'arrête pas aux données grossières des grandes fonctions animales, il semble fouiller sans relâche les rouages les plus complexes qui font le sujet des recherches des biologistes les plus en vue. Usant de l'hypothèse avec discrétion, il veut un contrôle absolu à toutes ses observations et confirme par des travaux répétés, où il sait varier les conditions, les données qu'il a cru entrevoir lors d'une première recherche. Il a du reste la pas-

____

(1) Penhallow, loc. cit.

sion du chercheur, toute sa correspondance,
toutes les amitiés qu'il signale, reviennent toujours au sujet de ses études et il déplore souvent les tristes conditions où il se débat ; il ne
s'efforce pas moins d'obtenir le maximum de
son précaire outillage et des échantillons sur
lesquels il peut travailler. Il ne manque pas
par suite de s'étonner lorsqu'on discute ailleurs ses affirmations, ou si l'on ignore des
faits qu'il a réussi à décrire: " Vous m'éton-
nez, monsieur, de n'avoir pas connu parfaitement la pointe du piquant du *porte-cpy*, car
vous êtes muni de tous les moiens nécessaires
pour en venir aisément à bout, pour moi qui
suis en touttes manières du commun, je n'ai
qu'une louppe qui n'est point bonne en sorte
qu'étant aussi gueux que je le suy, je ne peux
qu'avec peine me fournir des instruments nécessaires pour démêler les parties qui peuvent
échapper à la vuë " (1). Il avait apparemment
emprunté cette mauvaise loupe chez les Jésuites. Aussi lorsque Monsieur de Réaumur lui
en fait parvenir une, sans doute meilleure,
avec une seringue à injection, ne manque-t-il
pas de l'en remercier (2).

Il éprouve également certaines difficultés à
se procurer son matériel en bon état. Ses pre-

------

(1) Lettre de la Bibliothèque de Reims. Cette lettre
bien que ne portant pas d'indication, fut probablement
adressée à Réaumur. Cf. Pièces justificatives.

(2) Lettre à Réaumur, 10 octobre 1727. Archives de
l'Académie cf. pièces justif.

miers travaux sur la vache marine portent sur
un veau "à moitié pouri" qui ne lui permet
pas de faire des constatations très affirmatives
(1). Il en est de même pour le rat musqué
dont il veut se procurer des spécimens variés
aux différentes saisons de l'année (2), en faisant intervenir l'intendant, comme il cherche-
ra à faire encore pour reprendre certaines recherches sur le castor (3).

Il ne néglige rien et ne perd point d'occasion, poursuivant à Montréal comme à Québec la recherche déjà entreprise, tout aussi
confortablement sans doute, dans un labora-
toire improvisé que chez lui. Il sait user d'expédients qui lui permettent de surmonter les
inconvénients rencontrés. Témoin l'ingéniosité avec laquelle il fait griller les poils du rat
musqué pour masquer l'odeur insupportable
de l'animal (4).

" Il est peu de cerveaux, dit de Réaumur,
qui fussent capables de soutenir l'action continue d'une aussi forte odeur de musc que celle qu'il répand. Monsieur Sarrazin a été deux
fois réduit à l'extrémité, par les impressions
que cette pénétrante odeur avait faites sur le
sien. Nous aurions peu d'anatomistes et nous
aurions peu à nous en plaindre, s'il le fallait

---

(1) Lettre à l'abbé Bignon déjà citée.
(2) Lettre à Réaumur 10 octobre 1727.
(3) Lettre à Réaumur 4 octobre 1728. Archives de
l'Académie des Sciences Cf. Pièces justificatives.
(4) Mgr Laflamme loc. cit.

être à pareil prix. Malgré tout son courage, il eût été obligé de laisser son travail imparfait sans un expédient heureux qu'il imagina. Ce fut de faire griller le poil des rats qu'il voulait disséquer " (1).

Homme de science consommé qui doit savoir improviser et se suffire à lui-même avec esprit d'initiative, il reste le précurseur type de ces savants modestes, et si grands d'autre part, qui, loin des palaces scientifiques de l'Amérique, savent chercher et trouver dans des installations primitives où ils manquent souvent du strict nécessaire, mais appliquent leur génie à tout créer sur place. Et pour compléter son travail, il s'associe tous ceux qui semblent un moment s'intéresser à la chose, pour leur faire contrôler et vérifier ses avancés, l'intendant (2), le gouverneur ou un confrère (3).

Faut-il illustrer ses descriptions, il s'improvise dessinateur et y réussit fort bien comme le prouvent les figures intercalées dans les mémoires de l'Académie, malgré l'humilité avec laquelle il avoue son incompétence (4).

Aussi n'est-il pas surprenant que cet homme " d'un rare savoir, fort habile dans son art et

---

(1) Mémoires de l'Académie des Sciences.
(2) Lettre à Réaumur 10 octobre 1727.
(3) Mgr Laflamme loc. cit.
(4) Lettre à Réaumur 27 octobre 1727. Archives Académie Des Sciences Cf. Pièces justificatives.

fort estimé à l'Académie" (1) puisse être considéré comme la grande figure médicale et scientifique de notre XVIIIe siècle national. La revue de son lourd bagage suffit à en établir l'importance et si du côté littéraire il laisse souvent à désirer, sa haute évaluation est tout à fait incontestable.

Dès son arrivée au pays, Sarrazin s'intéressa à sa mission. C'est par ses travaux de botanique qu'il débuta dans cette voie. Le sujet en était plus facile que celui de la zoologie et les recherches étaient déjà plus à jour et plus complètes. Son titre de correspondant de Tournefort devait également le diriger de ce côté. Au dire de Monseigneur Laflamme, il aurait expédié lui-même, très probablement, toutes les plantes décrites à l'époque par l'Académie des Sciences. En tout cas le Muséum possède une longue liste des spécimens qu'il avait envoyés jusqu'en 1704. Cet important catalogue écrit de la main d'Antoine de Jussieu ne contient pas moins de deux cents spécimens qui vinrent augmenter les collections du Jardin Royal et y fleurissaient encore dix ans plus tard (2). L'énumération en est curieuse (3). Ces premiers envois suscitèrent un intérêt considérable et l'on voulut mettre tout en œuvre pour qu'ils se continuent. Dès

____

(1) Archives de l'Hôtel-Dieu 21 octobre 1720.
(2) Cf. pièces justificatives. Catalogue des plantes.
(3) Idem.

le 15 juillet 1705, une lettre du ministre à monsieur Raudot insiste ouvertement. "...Je vous adresse une lettre que j'écris à monsieur de Vaudreuil pour le prier de donner au sieur Sarrazin, médecin de Canada, les secours qui peuvent dépendre de luy pour lamas des plantes dont M. le premier médecin l'a chargé, donnez lui aussi de vostre costé ceux que vous pourrez et faites embarquer celles qu'il voudra envoyer sur le *Héros* et sur les autres vaisseaux qui viendront de Canada en recommandant aux capitaines de les mettre dans des lieux secs où elles se puissent conserver " (1).

Deux ans après on revient de nouveau à la charge et de façon plus précise (2), pour qu'on aide le savant à herboriser et que ses expéditions de spécimens se fassent le plus rapidement possible.

Dans ces travaux Sarrazin témoigne comme partout de toute l'ardeur et de toute l'attention dont il est capable. Il transplante et surveille lui-même les plantes à l'étude (3); il rédige des mémoires à faire remettre aux officiers des différents postes, leur donnant

---

(1) Archives publiques du Canada. Arc. Nationales Série B. vol. 27-1 page 221.

(2) Lettre à Raudot Archives de la Province de Québec

(3) Archives Publiques du Canada. (Archives Nationales. Série B 41, page 67, lettre du ministre à l'abbé Bignon 8 février 1719.

des instructions sur la manière de procéder
(1), en même temps que ceux-ci reçoivent directement l'ordre de " ramasser indifféremment toutes les graines " et de les lui remettre (2).

De tous ces ouvrages, le plus important est
celui qui a trait à une plante répandue dans
toute l'Amérique et à laquelle Tournefort donna son nom la "Sarracena purpurea", créant
tout le groupe des Sarracénées qui suffit à im-
mortaliser Sarrazin en laissant cette désigna-
tion dans les classements scientifiques. La
plante qui croît dans les marais surtout, ou du
moins dans les tourbes humides, pousse assez
facilement et comprend plusieurs variétés. Les
phyllodes remplis de liquide constituent de vé-
ritables pièges où viennent se prendre les mouches et les insectes. On a utilisé cette plante en
médecine comme teinture administrée en po-
tion, et elle a même été préconisée à tort comme prophylactique de la variole. La description qu'en fait Sarrazin mérite d'être parcou-
rue pour juger de sa manière (3) :

" Cette plante est d'un port fort extraordinaire, sa racine est épaisse d'un demi-pouce,
garnie de fibres du collet de laquelle naissent

---

(1) Archives Publiques du Canada, etc. Série B, vol.
52-2, page 228, lettre à Sarrazin, 24 mai 1725.
(2) Idem, Vol. 48-2, page 93, lettre à Sarrazin, 5
juin 1725.
(3) Description reproduite par Charlevoix et citée
par l'abbé Bois dans un travail sur Sarrazin.

plusieurs feuilles, qui en s'éloignant forment une espèce de fraise ; ses feuilles sont en cornet, long de cinq à six pouces, fort étroits dans leur origine, mais qui peu à peu s'évasent assez considérablement. Ces cornets qui commencent par ramper sur la terre, s'élèvent peu à peu et forment dans leur longueur un demi-rond, dont le convèxe est au dessous et le concave dessus ; ils sont fermés dans le fond et souvrent en gueule par le haut. La lèvre supérieure, quoique dessous (car les feuilles sont comme renversées) est longue de plus d'un pouce, large de deux, arrondie dans sa circonférence ; elle a une oreillette proche et à côté de l'ouverture : cette lèvre qui est inférieurement velue et creusée en cuiller, est tellement disposée qu'elle semble ne l'être ainsi que pour mieux recevoir l'eau de la pluie que le cornet garde exactement. La lèvre inférieure, si l'on peut dire que c'en soit une, est fort courte ou plutôt le cornet est comme coupé, simplement roulé dans cet endroit de dedans en dehors, d'une manière très propre pour affermir cette ouverture. Il rampe sur la partie cave du cornet une feuille qui n'en est qu'un prolongement. Elle est étroite dans ses extrémités, plus large et arrondie dans son milieu, ressemblant assez bien à la barbe d'une poule de l'Inde.

" Du milieu de ces cornets s'élève une tige, longue d'environ une coudée, elle a la grosseur d'une plume d'oie et elle est creuse. Elle porte à ses extrémités une fleur à six pétales de deux façons dont il y en a cinq disposés en rond soutenus sur un calice de trois feuilles : du milieu de cette fleur qui ne tombe point que le fruit ne soit mûr s'élève le pistil qui devient le fruit, lequel est relevé de cinq côtés, et divisé en cinq loges, qui contiennent des semences oblongues, rayées et appuyées sur un placenta qui l'est lui-même sur une continuation de la tige, laquelle en se prolongeant sort du fruit, de la longueur d'environ deux lignes. C'est sur cette extrémité qu'est située la sixième feuille, laquelle est beaucoup plus mince que celles qui composent la rose : celles-ci sont dures, épaisses et oblongues, tirant sur le rouge quand le fruit est mûr. Cette sixième feuille forme un châpiteau de figure pentagone. Toute la partie convexe regarde le dehors et la concave le fruit. Chaque angle est incisé de la profondeur d'environ deux lignes. Elle croît dans les pays tremblants. Sa racine est vivace et âcre ".

Sarrazin ne semble pas s'attarder à traiter ici des propriétés des sarracénées. Ces propriétés intéressent cependant ses contemporains à plus d'un titre et les recherches poursuivies ne le sont pas habituellement en rapport seulement avec le côté scientifique du sujet, mais encore embrassent la portée pratique qui s'en peut tirer. Sarrazin par ailleurs s'occupe en général de préciser ces propriétés comme on le voit indiqué dans une lettre du ministre (1).

Il est intéressant de constater ici le luxe de détails qui caractérise cette description botanique, luxe de détails qu'on retrouvera partout dans les travaux d'anatomie animale et qui établit bien la constance de cette tournure scientifique, signature de Sarrazin à tous les sujets qu'il traite. Le fait est curieux à noter lorsque l'on apprécie comme aujourd'hui le lien qui unit entre elles toutes les sciences et en particulier peut-être la botanique et la zoologie dont les phénomènes biologiques se rapprochent chaque jour davantage de telle sorte que l'on peut faire actuellement de la pathologie comparée, non seulement de l'animal à l'homme, mais même en partant des végétaux, comme l'établissent certains travaux sur le cancer.

Comment enfin ne pas signaler parmi ces études de botanique, l'importante communication que rapportent en 1730 les Mémoires de l'Académie Royale des Sciences sur un sujet on ne peut plus national : l'érable à sucre.

Le phénomène qui permet à l'érable de donner une sève abondante est assez curieux pour qu'il ait attiré l'attention de Sarrazin et Monsieur P.-G. Roy après Benjamin Sulte croit que l'on doit peut-être à Sarrazin, sinon la dé-

---

(1) Lettre du 24 mai 1725 déjà citée. Cf. Pièces justificatives.

couverte, du moins l'industrialisation de la fabrication du sucre d'érable (1).

Le travail de Sarrazin établit nettement qu'il a poursuivi des expériences d'un caractère scientifique dépassant ce qu'un simple fabricant aurait pu établir. Il décrit quatre variétés d'érable au pays, dont " l'Acer canadense sacchariferum fructu minori ". Il signale du reste (2) que les Français après les sauvages ont constaté le caractère sucré de la sève qu'il fournit au printemps. Il précise les conditions climatologiques nécessaires à la montée et à la qualité de cette sève: neige, fonte et gelée. " Cette espèce de manipulation dont la nature se sert pour faire le sucre d'érable, ressemble à quelques opérations de chimie, où l'on fait des choses qui paraissent opposées, où celles qui paraissent le plus semblables ne sont pas équivalentes pour l'effet ".

Sarrazin indique même ce que peut donner par saison un arbre de trois à quatre pieds de circonférence. Il fournit en un printemps soixante à quatre-vingts livres de sucre sans en souffrir.

Si la communication sur le sucre d'érable ne fut publiée qu'en 1730, Sarrazin avait cependant étudié le sujet dès ses débuts et l'érable

------

(1) P.-G. Roy " Petites choses de notre histoire ", Vol. V, page 144 et suivantes.

(2) Mémoires de l'Académie des Sciences, 1730. Cité par Mgr Laflamme, P.-G. Roy et Benjamin Sulte.

faisait partie de son premier envoi au **Jardin Royal**. Là comme partout ce n'est qu'après des travaux de longue portée, appuyés sur des épreuves successives que Sarrazin traite à fond la question. Pourtant au premier communiqué, de cette sève dont on " prépare des sirops ", il avait dit l'essentiel, ainsi que des phénomènes qui préparent sa montée (1).

Voilà une industrie, tout comme le fait se répète de nos jours, bénéficiaire des recherches scientifiques à un moment où pourtant la science et l'industrie étaient encore l'une et l'autre dans l'enfance, et cela dans les mondes nouveaux où les conditions se montraient peu favorables.

Et pour clore ces considérations sur la botanique, il n'est pas jusqu'au *bleuet* du Canada que Sarrazin fait connaître en France, non plus au même titre que la petite fleur bleue de là-bas dont on connaît le charme, mais parce que son fruit, bon à manger, est utilisé par les sauvages de certaines contrées qui en font provision pour mettre dans leurs ragoûts (2).

Sarrazin vient de parler de réactions chimiques. C'est un sujet qu'en général il a peu abordé et sur lequel, forcément, il se trouvait plus dépourvu, la chimie ne pouvant guère s'expérimenter en terre canadienne et ne relevant qu'indirectement de l'histoire naturelle,

---

(1) Cf. Pièces justificatives, catalogue des plantes.
(2) Idem.

du moins pour les travaux de manipulations qu'elle comporte. Il allait faire une incursion dans ce domaine. On l'avait déjà chargé en haut lieu de recherches sur l'alkermès, médicalement expérimenté. Rien ne nous indique les travaux qu'il fit sur ce produit.

Le pays allait lui fournir une occasion d'entrer sur le terrain. Sarrazin ébauche une étude d'eaux minérales que du reste il ne poussera pas très loin. Il s'agit des eaux du Cap-de-la-Madeleine. On avait trouvé dans la région des minérais de fer et l'installation des forges de St-Maurice était à s'organiser. La découverte fit émettre l'hypothèse que les eaux du voisinage pouvaient bien être par suite minéralisées. Sarrazin fut chargé par l'intendant de se rendre compte de ce fait (1).

Il reconnut qu'il s'agissait bien d'eaux ferrugineuses et effectua quelques réactions pour établir la chose et prouver en même temps qu'elles n'étaient ni sulfureuses, ni alumineuses. Les recherches semblent avoir été des plus simples et il ne démontre pas la puissance dont il témoigne ailleurs. Ses conclusions sont par trop affirmatives.

Les qualités qu'il attribue à ces eaux et le grand cas qu'il veut en faire, dépassent de beaucoup la réalité. Il les compare aux eaux de Forges dont il a lui-même autrefois éprou-

____

(1) Le travail sur les eaux minérales fut publié dans les mémoires de Trévoux en 1736. Cité par l'abbé Bois.

vé les heureux effets. Ces eaux célèbres où l'avaient précédé et le suivirent Louis XIII, Richelieu, Madame de Sévigné, Voltaire, Buffon et tant d'autres, sont beaucoup plus minéralisées en fer que ne le furent jamais celles des Trois-Rivières, et elles comportent en plus des substances salines qui les rapprochent des eaux de Spa et de Marienbad. Malheureusement pour les infirmes et les malades du Canada " dont les maladies se montrent si souvent rebelles à la médecine ordinaire " les eaux du Cap-de-la-Madeleine ne constituent pas "le trésor " que Sarrazin croit y avoir trouvé. C'est le sort réservé à toutes nos sources thermales, ou à peu près, qui peuvent être légèrement salines, sulfureuses ou ferrugineuses, mais tout au moins dans la région, ne présentent pas cette haute minéralisation susceptible de les rendre médicales. Il ne faudrait pas perdre de vue combien nous sommes éloignés du plateau central qui réunit à lui seul presque toutes les sources importantes de toutes natures. Si avec ses connaissances chimiques peu approfondies, Sarrazin a cru pouvoir attirer l'attention sur une telle découverte, c'est assez normal et il est juste de le juger avec indulgence. Les cures thermales étaient en honneur en Europe, il eût été heureux qu'on pût les établir ici. Avec des notions géologiques peu approfondies, il était facile de verser dans une erreur semblable, dans laquelle on tombe encore aujourd'hui lorsque d'aventure certains faiseurs veulent se mêler de questions qu'ils ignorent totalement.

Pour une fois Sarrazin avait conclu un peu trop rapidement et exagérait la portée d'une ressource que sa fonction d'un tout autre ordre ne lui permettait pas d'apprécier à sa valeur.

Ses travaux botaniques constituaient un champ assez étendu où il avait pu établir la préparation appropriée et l'orientation définie de son esprit. Ils ne forment que la minime partie de son œuvre, celle qu'il poursuivit pendant toute sa vie, presque en marge des études beaucoup plus poussées dans le domaine zoologique, où il allait débuter par une description magistrale.

CHAPITRE V

UN BIOLOGISTE CANADIEN

CHAPITRE V

UN BIOLOGISTE CANADIEN

SARRAZIN ANATOMISTE ET PHYSIOLOGISTE

Travail sur le castor. — Sarrazin et l'abbé Bignon. — Correspondant de Réaumur. — Le rat musqué. — Le carcajou. — Le loup-marin. — Le veau marin. — Le porc-épic.

La partie des sciences dont allait surtout s'occuper Sarrazin, n'est pas de celles qui étaient à l'époque les plus cultivées. En effet si l'on parcourt par exemple le volume des mémoires et de l'histoire de l'Académie Royale pour l'année 1704, on constate qu'à part quelques observations médicales, dont certaines du reste assez curieuses, relatées dans la partie historique, les autres travaux sont d'un tout autre ordre. Sur une cinquantaine de sujets traités dans les mémoires, il n'en est guère qu'un de Homberg et un de de la Hire qui se rapportent à la médecine, tous les autres à deux ou trois exceptions près, sans parler de celui de Sarrazin, regardent les sciences physiques, astronomiques ou mathématiques. Il est évident que l'intérêt était plutôt dirigé de ce côté, aussi doit-on apprécier d'autant plus tout effort de caractère différent.

Ce volume contient l'intéressant travail de Sarrazin sur le castor, peut-être avec celui sur le rat musqué, son œuvre capitale. En tout cas il marque ses débuts dans cette voie et avait été communiqué à Tournefort un an à peine après sa nomination comme correspondant de ce dernier, soit le 25 octobre 1700.

Outre de nombreux renseignements d'ordre général, découlant de constatations recueillies chez les trappeurs, Sarrazin y détaille ses observations personnelles faites sur un castor d'une cinquantaine de livres, pris à douze ou quinze lieues de Québec et cet exposé scientifique en constitue l'intérêt par l'abondance et la précision de toutes les particularités.

Chose curieuse, alors qu'il se plaint souvent ailleurs de son pauvre outillage et des loupes dont il doit uniquement se servir, il fait ici mention d'un examen microscopique du poil de l'animal, indiquant qu'il eut alors à sa disposition un appareil plus important. La confusion était possible cependant entre la loupe et le microscope, sans qu'il faille attribuer trop d'ampleur au mot employé.

Après avoir décrit le poil, l'auteur fait en détail l'étude de la constitution anatomique tout entière. Il est peu de pages scientifiques plus précises que celles où il détaille admirablement le muscle paucier ayant d'abord remarqué en thèse générale, la force et la grosseur de tous les muscles de l'animal par rapport à ses dimensions. Cette page reste à lire comme modèle du genre et bien qu'elle ait déjà été reproduite par Mgr Laflamme, nous ne pouvons pas l'ignorer (1) :

" Les fibres du muscle paucier ont des directions fort différentes. Celles qui couvrent le dos depuis les cuisses jusqu'au col, sont droites et si grosses que ce muscle a dans cet endroit ici près d'un pouce d'épaisseur. Les fibres qui sont situées à côté de celles-ci, s'en écartent peu à peu et font un volume bien plus petit. Elles décrivent presque des demi-cercles, lesquels descendent sur les muscles pectoraux, sur le sternum et tout le long des muscles droits, se réunissent par une aponévrose de telle sorte qu'elles enveloppent tout l'animal. Une partie de ces fibres vient embrasser les cuisses après quoi elles se croisent sur l'os pubis, d'où elles descendent et forment un tissu en manière de natte. Ce tissu couvre non seulement un paquet de fibres très considérable, mais aussi le sphincter de l'anus.

<hr>

(1) Mgr Laflamme loc. cit. Mémoires de l'Académie des sciences, pages 49 et suiv., 1704.

« De la surface interne de la natte dont on vient de parler, environ douze ou quinze lignes au-dessous de l'os pubis sortent deux trousseaux de fibres charnues gros comme le doigt, lesquelles remontent à l'insertion des muscles droits et s'attachent. De la partie de ce muscle qui couvre le dos et dont les fibres sont droites, il se forme du côté de la queue, une aponévrose très forte qui enveloppe tout ce qui est au-dessous des cuisses. Elle est attachée aux apophyses épineuses des vertèbres qui sont vers la queue et de distance en distance, elle tient aux membranes des muscles qui la font mouvoir.

« Le même plan de fibres étant parvenu aux premières vertèbres du dos se divise d'abord en deux parties qui forment plusieurs têtes et qui par différents principes s'insèrent en différents endroits. Il y en a une large d'environ deux pouces qui monte jusqu'à la troisième vertèbre du col. et qui est attachée sur le rhomboïde. Une autre s'attache sur la crête de l'omoplate, une troisième sur la partie postérieure et intérieure du bras, sur le coude et sur la partie postérieure et supérieure de l'avant-bras ».

Cette simple lecture établit ce que cette description seule peut demander de travail, de dissection fine et d'attention pour nous donner une telle image musculaire, qu'il semble à première vue qu'on peut en reconstituer la planche murale. Il n'y aurait dans l'œuvre de Sar-razin que cette page, qu'elle suffirait à le classer au premier rang. On le constatait bien parmi les mieux placés à l'Académie.

Mais là ne se borne pas cette analyse ; le même soin est apporté au reste du sujet et tout y est décrit avec autant de minutie, en tenant compte des rapports, des mensurations et du poids.

Nous avons déjà dit comment Sarrazin abordait d'une façon spéciale les problèmes particulièrement traités aujourd'hui par le biologiste·et qui ont trait à la génération. Dans ses recherches sur le castor, comme plus tard avec plus de subtilité encore pour le rat musqué, le système génito-urinaire est profondément fouillé. Qu'il s'agisse du mâle ou de la femelle, il étudie à fond ces organes, en remarque toutes les dispositions et l'agencement le plus intime. Il signale le fait curieux de l'existence d'un cloaque unique qui rend difficile au premier abord la distinction des sexes.

Parfaitement au courant des travaux antérieurs, Sarrazin lorsqu'il parle des glandes secrétant le *castoréum,* précise que ce sont " Messieurs de l'Académie Royale des Sciences qui ont les premiers démêlé ces parties avec exactitude ". Il avait dû lire la communication déjà parue en 1669 et avait probablement projeté ces recherches avant son retour au pays, car il n'eut pas trop des trois années écoulées depuis son arrivée pour les mener à bien.

Il serait intéressant de pouvoir retrouver des aperçus, plus complets concernant le poumon, étant donné que l'on poursuit aujourd'hui des travaux sur les animaux vivant, comme le castor, en plongée (1). Sarrazin signale seulement que, contrairement à l'ordinaire, ces poumons présentent six lobes dont l'un très petit situé dans le médiastin. Ce sujet serait curieux à reprendre.

Le tube digestif dans son ensemble est longuement décrit, en particulier le système glandulaire de l'estomac et les glandes salivaires très développées. Une remarque concernant la constitution de l'oesophage " intérieurement revêtu d'une membrane blanche, espèce de doublure que l'on détache aisément du canal sans la déchirer ", ne manque pas d'attirer l'attention. Or nous avons pu vérifier le fait microscopiquement sur des coupes colorées, suivant les procédés modernes (2). Il s'agit bien d'un *épithélium pavimenteux stratifié*, analogue à celui rencontré habituellement, mais dont la couche cornée est très développée au point d'atteindre une épaisseur triple de celle

____

(1) Travaux de M. le professeur Dubreuille de Bordeaux, à qui nous avons pu fournir des poumons de castor.

(2) Pièces préparées à la Fac. de Médecine de l'Université Laval, par M. le docteur Potvin, professeur d'Histologie.

des autres rongeurs et se clivant absolument sur les plans sous-jacents. La démarcation de ce clivage est des plus nettes et ce phénomène doit correspondre à ce que décrivit également Sarrazin pour l'estomac du rat musqué. Le mode d'alimentation du castor et les accidents auxquels l'exposent ses fonctions de grand rongeur semblent suffire à expliquer cette constitution spéciale de son tube oesophagien plus apte à résister facilement aux frottements irritatifs dont il peut être l'objet.

L'observation au sujet des fausses côtes de l'animal, longues, libres et souples pour permettre au castor de se rétrécir à volonté, indique une fois encore la manière raisonnée avec laquelle le chercheur continue de procéder.

Ce magistral exposé sur lequel il fallait insister, se termine par une étude des mœurs et coutumes du castor, une description de la chaussée et de la cabane ainsi que de la chasse, qui sortent du cadre purement scientifique, mais n'en sont pas moins importants au point de vue de l'histoire naturelle.

Et pour un coup d'essai, c'est sûrement un coup de maître. On peut juger par ces notions du travail que devait s'imposer notre médecin à ses heures de loisir. En homme consciencieux, de cette conscience scientifique, qui veut que le dernier mot ne soit jamais dit sur un sujet, Sarrazin voudrait revoir son œuvre. Vingt-huit ans après, il demande que l'intendant lui fournisse de nouveaux castors pour poursuivre ses premières recherches (1). S'il eut pu reprendre la chose, il est à croire qu'il ne resterait rien à ajouter au sujet guère complété par les naturalistes postérieurs.

C'est la seule description anatomique de Sarrazin, communiquée à l'Académie par Tournefort qui avait reçu de lui nombre d'indications botaniques. Ces recherches sur les plantes se poursuivent entre cette date et la mort de Tournefort qui eut lieu en 1708 (2).

En 1713 seulement, il est fait mention dans l'histoire de l'Académie d'un travail sur le carcajou, très probablement adressé à l'abbé Bignon, étant donné les relations existantes entre cet académicien et Sarrazin. A ce moment en effet Sarrazin n'était pas correspondant attitré auprès de Réaumur. Il ne le devint qu'en 1717, comme on peut l'établir par une lettre de cette année (3).

Contrairement à d'autres pièces, l'Académie ne possède pas le manuscrit de cette étude, et de fait elle ne possède ni la correspondance de Tournefort, ni celle de l'abbé Bignon (4). Lors d'un voyage en France en 1709, il s'était à coup sûr entendu avec ce dernier pour la

---

(1) Lettre à Réaumur, 4 octobre 1728. Arch. Académie des Sciences. Cf. pièces justificatives.
(2) Cf. Pièces déjà citées.
(3) Lettre de Sarrazin à l'abbé Bignon.
(4) Renseignement fourni par M. Lacroix, secrétaire perpétuel de l'Académie des Sciences.

continuation de ses recherches. Cette absence de correspondance officielle pendant une période de dix années explique sans doute comment les communications importantes deviennent plus rares et donne la raison du silence relatif de Sarrazin, qui poursuivait malgré tout certaines études de longue haleine.

Les données fournies sur le carcajou dans le résumé inscrit à l'Académie, ne portent guère sur l'anatomie de l'animal dont on ne fait que la description grossière. Elles ont plutôt trait à certains faits de son mode de vie et surtout à sa manière de s'attaquer à l'orignal et au caribou. Cependant à en croire la première phrase de ce court compte rendu, ce travail est de même ordre que celui sur le castor auquel on le compare.

Les avancés de Sarrazin sur les mœurs du carcajou paraissent cadrer avec ce qu'en racontent nos chasseurs: l'animal actuellement peu répandu serait, au dire de l'un d'eux, que nous questionnions dernièrement, fort rusé et habile. Nous nous sommes laissé raconter une histoire de chasse,—on sait ce qu'il faut en croire,—où un carcajou, en peu de temps, aurait décapité un caribou pour aller ensuite mettre à l'abri la tête, qui fut deux fois retrouvée et reprise jusqu'à ce que notre carnassier se fasse enfin surprendre au piège.

C'est l'année suivante que Sarrazin fit sa première communication sur le rat musqué.

Mais ce travail fut longtemps repris et fouillé pour n'être définitivement publié par de Réaumur que beaucoup plus tard. Dans ce premier communiqué, on ne faisait que résumer quelques notes relatives aux mœurs du rat d'Amérique d'après ce que "rapportent les sauvages qui observent assez bien le naturel des animaux, unique partie de la philosophie qui leur ait été accordée" (1).

Pour établir la vraisemblance des coutumes hibernantes du rongeur, Sarrazin rapporte l'expérience qu'il fit sur un ours, contrôle scientifique de caractère différent.

En 1725 Réaumur communiquait enfin "l'extrait de divers mémoires de monsieur Sarrazin sur le rat musqué" (2). Et comme chaque fois, le compte rendu commence en rappelant les "curieuses observations sur le castor" de 1704 que ces messieurs ne pouvaient oublier.

Cette étude qui comporte certes les recherches les plus complètes faites par Sarrazin est accompagnée de quatre planches donnant seize figures différentes, tant du rat lui-même et de certains de ses organes, que de la loge où il demeure. Le rapporteur remarque qu'on ne peut au Canada choisir des dessinateurs, surtout lorsqu'il s'agit de dissections anatomiques et que Sarrazin a dû se contenter de ceux

______

(1) Mémoires de l'Académie des Sciences, 1714.
(2) Idem 1725, pages 323 et suiv.

qu'il rencontrait. Il fit dans certains cas ce travail lui-même et dessine par exemple les parties naturelles du rat musqué en ajoutant: " L'ouvrier n'y entend rien du tout et c'est la première fois de sa vie qu'il a été assez hardy pour entreprendre de faire de si belles choses et afin que vous le connaissiez, monsieur, c'est moi-même. Voilà une peinture de la facilité qu'il y a de faire quelque chose au Canada " (1). Ces planches peuvent se comparer à bien d'autres auxquelles elles ne le cèdent pas.

La communication que fait Réaumur couvre une vingtaine de pages et son sujet sera évidemment discuté et repris plusieurs fois, car la correspondance qu'entretient avec lui Sarrazin est très explicite et reprend certains points les années suivantes (2). Sarrazin fier de son œuvre, cherchait par tous les moyens à la compléter et s'efforçait de répondre aux questions qu'on lui pose de toutes parts, soit qu'il s'agisse de la loge et des joncs dont use le rat musqué, soit que monsieur Vainslow lui demande sur certains détails anatomiques nombre d'informations auxquelles il cherche à répondre, en reprenant et répétant ses expé-

----

(1) Lettre de Sarrazin, 27 octobre 1727. Acad. des Sciences. Cf. Pièces justificatives.

(2) Voir lettres du 10 et 27 octobre 1727 et du 4 octobre 1728. Archives Acad. des S. Cf. Pièces justificatives. De même celle de la Bibliothèque de Reims, 10 octobre 1726. Cf. Pièces justific.

riences, en revoyant les pièces et en faisant
faire par d'autres la vérification (1).

L'insistance avec laquelle Sarrazin a poursuivi ses examens, à toutes les saisons possibles de l'année, les reprenant à Québec ou à
Montréal sur des animaux tués ou vivants,
pour soumettre au contrôle le plus complet
toute la série curieuse de ses observations,
surtout sur le système digestif ou génital, établit une fois de plus sa façon d'agir. Nulle
part, Sarrazin n'a poussé aussi à fond ses in-
vestigations et n'a aussi scrupuleusement contrôlé ses avancés en précisant "tout est plein
de merveilles dans les machines animales,
mais il semble qu'elles sont rassemblées en
plus grand nombre dans les parties de la génération que partout ailleurs" (2). Il ajoute
même tout un article sur la question en 1727
sous le titre " Nouvelles observations que j'ai
fait sur les parties naturelles du rat musqué et
qu'on joindra à l'ancienne si on le juge à propos " (3). Ces passages rappellent certaines
pages de l'ouvrage d'Harvey " Exercitationes
de génération animalium " (4) ou de " L'a-
natomie de l'homme " de Dionis (5).

---

(1) Cf. Pièces justificatives, loc. cit.

(2) Mémoires Académie des Sciences, 1725, page 336.

(3) Manuscrit conservé à l'Académie des Sciences,
comprenant cinq pages in-folio (0.185 sur 0.295) renseignement fourni par M. Lacroix, secrétaire perpétuel.

(4) Edition de 1680.

(5) Cinquième édition, 1706.

Mais un passage caractéristique nous donnera encore ici une idée de la maîtrise de son esprit. C'est l'étude de l'estomac de l'animal (1). Elle constitue un paragraphe d'anatomo-physiologie comparable à certains travaux modernes d'histo-physiologie où on retrouve encore le précurseur :

" L'estomac du rat musqué ne cède en rien pour la singularité, à celui du castor, il lui ressemble un peu par son extérieur et ressemble aussi en quelque chose à celui du rat domestique ; il a environ quatre pouces et demie de longueur sur deux pouces de diamètre du côté de la ratte ; d'où il se rétrécit insensiblement en approchant de l'œsophage auprès duquel il n'a qu'environ dix lignes de diamètre. Il est contenu dans ce rétrécissement par un ligament en forme d'anneau qui fait une saillie dans sa capacité et qui ne laisse de la partie gauche à la droite qu'un passage de sept à huit lignes propre à retenir plus longtemps les aliments ; de là il s'élève et s'élargit en s'arrondissant, structure qui semble former un second estomac, qui peut avoir un pouce et demie en tous sens. La partie relevée est fort approchée de l'œsophage et de la partie gauche ; il est tenu dans cette situation par une membrane qui l'y assujettit et qui fait faire un pli en dedans à cette partie de l'estomac qui

____

(1) Une partie en a été déjà citée par **Mgr Laflamme**, loc. cit.

regarde l'œsophage ; elle représente une fleur
en gueule semblable à celle de l'*anthirrinum*.
Les membranes de ce viscère sont si délicates
et si transparentes, qu'il est aisé de s'assurer
qu'il n'y a aucune glande qui y soit dispersé
et il est en cela fort semblable à celui du castor et point du tout à celui du rat domestique,
mais la membrane charnue s'épaissit d'environ une ligne et demie dans le fond de la partie droite et relevée de l'estomac et qui est directement située sous le pylore et sous l'œsophage ; cet épaississement est de la nature de
la membrane charnue, il peut avoir un pouce
en superficie.

" Le corps formé par cet épaississement, contient des vésicules qui sont grosses comme des
grains de millet et qui souvent sont limpides
comme celles qu'on voit dans les feuilles de
mille-pertuis ; d'autres fois elles sont opaques.
Il y a apparence que ce changement dépend de
celui des alimens ; quand on les ouvre il en
sort une liqueur un peu brune, elle est onc-
tueuse alors, mais monsieur Sarrazin la croit
fluide pendant que l'animal est vivant ; il ne
doute pas que ce liquide ne serve de dissolvant aux alimens.

" Il a rapporté autrefois que l'œsophage du
castor était revêtu intérieurement d'une membrane blanche aisée à en séparer, non seulement il a trouvé celui du rat musqué
recouvert d'une pareille membrane, il a

trouvé de plus qu'elle recouvre l'estomac de ce rat dans des circonstances et avec des singularités dignes d'être remarquées. Depuis le mois d'octobre jusques au temps du rut, c'est-à-dire pendant tout l'hiver, cet animal ne vit que de racines ; celles qui sont contenues alors dans son estomac ne sont que macérées, elles ne sont qu'amenées au point de la consistance d'une cire ramolie entre les doigts. Monsieur Sarrazin ayant souvent fait sortir ces alimens mal digérés par le pylore, les voyait accompagnés d'une membrane blanche, qu'il ne reconnaissait point pour membrane et qui n'avait l'air que d'une espèce de crême épaissie autour des aliments. Mais ayant disséqué plusieurs estomacs, il découvrit que c'était véritablement une membrane qui les recouvrait ; il parvint même à la détacher toute entière ; il remplit d'eau cette espèce de sac délicat, elle la contenait d'abord : mais peu après il la vit transpirer au travers, en forme de rosée, et il n'y en resta pas une goutte, ce qui prouve évidemment qu'elle était poreuse et propre à laisser échapper des sucs. Mais ce qu'elle a de plus singulier, ce sont les changements qui lui arrivent au printemps, lorsque le rat vit autant d'herbes que de racines, on la trouve retirée de dessus la substance charnue autour de laquelle elle est roulée et très adhérente. De sorte qu'on ne peut la séparer de l'estomac en cet endroit sans la déchirer, quoiqu'elle y soit plus épaisse qu'auparavant. Ce qui a fait penser à monsieur Sarrazin qu'elle se retire de dessus la substance charnue pour laisser plus de liberté aux dissolvants de s'é-chapper des glandes. dans une saison où l'estomac de l'animal doit digérer davantage. Il est confirmé dans cette idée par un fait qu'il n'a vu qu'une seule fois et qu'il assure avoir fait voir à plusieurs personnes, et entr'autres à un chirurgien de Montréal où il était alors avec feu M. le Marquis de Vaudreuil, Gouverneur général du Canada. Ayant disséqué au printemps de 1722 un rat mâle, il trouva la membrane dont il est question, partout adhérente à l'estomac et différemment épaisse, elle avait environ une demie ligne dans la partie droite et relevée de ce viscère; de là jusqu'au fond qui est contre la ratte elle approchait de l'épaisseur d'une ligne. Cette membrane était garnie de tubercules dans la partie droite où ils avaient une ligne en tous sens et qui étaient arrangés très régulièrement, de la substance charnue jusqu'au fond de l'estomac, les tubercules grossissaient peu à peu, ils s'élevaient de plus de deux lignes, et se développaient en oreillettes qui finissaient en pointe, et qui étaient un peu caves d'un côté, mais arrangés moins régulièrement que ceux de la première espèce ; ils étaient blancs comme la membrane qui s'était retirée de dessus la substance charnue, ce qui semble établir qu'elle s'était retirée pour laisser couler plus aisément le dissolvant dans l'estomac ".

Voilà certes une description un peu longue, mais qu'il fallait signaler pour bien la mettre en regard du passage sur le muscle paucier du castor. Ce rapprochement démontre l'étendue de la puissance d'observation de Sarrazin sur deux sujets différents. Elle fait saisir tout le contrôle qu'il apporte à sa recherche dans la répétition des dissections aux différentes saisons de l'année et même l'expérimentation qu'il poursuit avec ingéniosité sur les propriétés physiologiques et physiques de ces membranes. Ses déductions, par suite, ne restent plus du domaine de l'hypothèse.

Il décrit en détails les glandes à musc et rattache l'odeur spéciale de leur sécrétion au *calamus aromaticus* dont l'animal se nourrit abondamment. Puis il termine par une étude des pattes de derrière où le mécanisme du mouvement que leur impriment certains muscles est également bien présenté.

Ce qui a trait aux mœurs provient comme dans d'autres cas des renseignements que lui fournissent les coureurs de bois. Ceci explique l'erreur qu'il commet au point de vue de l'alimentation du rat musqué, erreur que Kalm signalera quelques années plus tard en constatant que sur l'Hudson, les bords sont remplis d'écailles d'huîtres aux abords des trous habités par l'animal. Il en conclut que le rat musqué est ostralège, contrairement à ce qu'affirment Linné, Buffon et Sarrazin (1). Le fait a été contrôlé depuis (2).

S'il y a intérêt à rapprocher ces deux travaux sur le castor et le rat musqué qui constituent les pièces de résistance, il ne faut pas négliger la mention d'autres communiqués prouvant amplement que Sarrazin a touché à tout.

En 1717, il transmet ses recherches sur la vache marine d'après les données fournies par l'étude d'un veau, du reste en mauvais état de conservation (3). Il avoue n'y avoir rien retracé de bien particulier, mais étant donné les mauvaises conditions, il ne veut pas trop s'avancer et désire reprendre ce travail (4). Il étudie entre temps le loup-marin (5).

Il a également commencé l'examen de la *bête puante*, mais a dû l'abandonner "car il est d'une puanteur exécrable, capable de faire déserter tout un canton" (6).

La série de ces publications se termine par un document sur le porc-épic, que publie Réaumur en 1727, d'après les mémoires et les let-

---

(1) Mémoire de Kalm in "Mémoires de la Société historique de Montréal". VII° livraison.

(2) Mgr Laflamme, loc. cit.

(3) Lettre à l'abbé Bignon déjà citée.

(4) Le manuscrit intitulé "Histoire anatomique du veau marin", 1717, 9 pages in quarto (0.23 x 0.18) est conservé dans les Archives de l'Académie des Sciences. Renseignement fourni par M. Lacroix.

(5) Lettre à l'abbé Bignon.

(6) Lettre à Réaumur, 10 octobre 1727. Archives de l'Académie des Sciences. Cf. Pièces justificatives.

tres de Sarrazin. Ces observations sont encore ici capitales et durent être généralement goûtées, car elles permettent des comparaisons avec des descriptions antérieures de porcs-épics africains et établissent certaines différences entre les deux espèces. De Réaumur ne craint pas de publier les dires de Sarrazin malgré le mémoire paru en 1666, parce qu'il le considère comme étant " de ces observateurs qui peuvent fort bien saisir ce qui a échappé aux grands maîtres sur des matières qu'ils ont traitées " (1). Ce n'est pas là dans la bouche de ce savant un mince éloge du biologiste canadien.

Comme chaque fois, l'étude dont il s'agit fut poursuivie longuement et minutieusement fouillée. La correspondance indique que certains points en furent discutés et repris tel celui du piquant de l'animal que Réaumur voulut étudier lui-même comme contrôle. La description qu'en faisait Sarrazin est curieuse et conforme à sa manière habituelle de procéder : " Chaque piquant a environ une demie ligne de diamètre... M. Sarrazin ayant observé avec soin sa pointe au microscope (2), a remarqué qu'il s'en élève un filet tourné en vis. Il a encore remarqué, qu'à l'extrémité des pi-

---

(1) Mémoires Académie des Sciences, 1727, page 283. Déjà cité par Mgr Laflamme.

(2) Il faut lire " à la loupe ", c'est de celle fournie par de Réaumur qu'il s'est servi. Lettre du 10 octobre 1727. Lettre antérieure de la Bibliothèque de Reims.

quants, il y a une dentelure garnie de pointes tournées du côté de la base et capables de quelque résistance ". Réaumur a douté et Sarrazin lui conseille de faire cet examen au soleil (1), il lui avait du reste presque reproché antérieurement " de n'avoir point connu parfaittement la pointe du piquant du porte-épy " (2).

C'est que la matière était considérée sérieuse et qu'alors tout comme deux siècles plus tard, on discutait du fait, à savoir : le porc-épic lance-t-il ou non ses piquants ? Sarrazin sans vouloir trop affirmer semble établir qu'il les lance à l'attaque et les retient quand il est captif, indiquant toutefois qu'il ne peut utiliser que les données qu'on lui fournit (3).

Longuement il décrit à l'animal sept espèces de poil, parlant également de l'usage qu'on en fait et des blessures qu'on en reçoit. Puis il aborde la description des organes et s'attarde comme chaque fois aux organes générateurs auxquels il trouve certaines particularités. Le communiqué couvre une douzaine de pages et l'Académie en possède le manuscrit (4).

La somme de ces communications, l'étendue des expériences, des dissections, des observations, des contrôles qu'elles supposent, établis-

---

(1) Lettre du 10 octobre 1717.
(2) Lettre de Reims.
(3) Lettre du 10 octobre 1727.
(4) Description anatomique du Porte Epic (1717), 32 pages in folio (0.31 x 0.20). Renseignements fournis par M. Lacroix.

sent que Sarrazin ne chômait point en Nouvelle-France. Pour poursuivre en même temps que ses devoirs professionnels, ces recherches, il lui fallait une capacité de travail considérable. Car n'oublions pas d'autre part qu'il dirigeait la grande clientèle et faisait un service d'hôpital très chargé.

On a droit de déplorer l'absence de toute communication sur des sujets médicaux qu'un observateur de sa compétence pouvait traiter. D'autant plus que ces questions étaient inscrites à l'Académie. Son apport scientifique ne nous permet pas de lui en vouloir. Ce qu'il eût fourni sur la matière n'eût pu égaler ce qu'il donnait dans les sciences biologiques.

Mais à la médecine et aux sciences ne se limitait point son action. Il jouissait encore dans la vie sociale, politique et administrative un rôle de premier plan bien propre aux esprits travailleurs, les seuls à s'intéresser à tout. Cette activité fort diverse complète sa grande figure.

CHAPITRE VI

SARRAZIN DANS LA VIE SOCIALE ET POLITIQUE

CHAPITRE VI

SARRAZIN DANS LA VIE SOCIALE ET POLITIQUE

Nouveau voyage en France. — Son mariage. — La famille Hazeur. — Ses relations au pays et en Europe. — Le vieux Québec du XVIIIe siècle. — La société canadienne. — Sarrazin membre du Conseil Supérieur.— Son attitude à la mort de Mgr de Saint-Valier. — Sa participation au développement général. — Garde des sceaux.

Installé définitivement au pays, il apparaît que Sarrazin ne fit qu'un autre voyage en France après son second établissement. Sa clientèle, ses devoirs de médecin des hôpitaux, ses recherches, ses occupations sociales et politiques, ses affaires même ne pouvaient lui permettre ces lointains déplacements, surtout lorsqu'il eut fondé un foyer.

En 1709 cependant il retourne à Paris. La mort de Tournefort n'est peut-être pas étrangère à ce voyage et peut-être aussi son état de santé. Il y resta jusqu'à l'année suivante, visita les eaux de Forges où il séjourna trois mois (1), probablement pour y suivre une cure. En avril 1710 il songe à revenir (2), et au mois de mai, il a définitivement décidé de repasser en Nouvelle-France (3). Il devait partir sur le vaisseau l'*Afriquain*, mais une indisposition le force encore à retarder son départ (4). Il prend passage sur la flute la *Loire* à la fin de l'été et M. de Beauharnois reçoit l'ordre de le faire embarquer sur ce vaisseau, vu l'importance de son prompt retour (5).

Quelques années plus tard Sarrazin qui dépassait déjà la cinquantaine et ne songeait plus évidemment à l'état ecclésiastique se décide au mariage. Il épouse le 20 juin 1712, à Montréal, mademoiselle Marie-Anne Hazeur âgée de vingt ans seulement. Marie-Anne Hazeur était québecoise de naissance et appartenait à une des familles les plus en vue de cette ville. Élève des Ursulines, elle avait quitté Québec après la mort de ses parents, pour habiter à Montréal chez un frère de sa mère, monsieur Soumande où logeait habituellement sa grand'mère maternelle. Comme son père,

____

(1) Lettre de 1732 sur les eaux minérales, déjà citée.

(2) Lettre de M. l'abbé Tremblay, 7 avril 1710. Archives du Séminaire.

(3) Idem 22 mai 1710. Arc. du Séminaire.

(4) Lettre à Sarrazin datée de Versailles le 20 août 1710. Archives Publiques du Canada et Arc. de la Province de Québec.

(5) Lettre à M. de Beauharnois datée de Marly le 22 août 1710, Arch. de la Province de Québec.

cet oncle était dans le commerce une personnalité importante (1).

La famille Hazeur, originaire de Tours, habitait à Québec l'une des belles maisons de la basse ville sise " place Royale face au port " (2). Monsieur Hazeur y jouissait d'un haut prestige. Membre du Conseil Supérieur où il entra en 1703, il était en même temps seigneur de la Malbaie et concessionnaire à la Grande-Vallée-des-Monts de terres importantes où se trouvait une ardoisière dont nous aurons à parler et où se pouvait établir la pêche à la morue. Il dirigeait également un établissement de pêche au marsouin.

La jeune madame Sarrazin appartenait à la meilleure bourgeoisie canadienne. Elle était du reste de très bonne noblesse originaire du Limbourg belge (3). Trois frères, l'un avocat à Paris et plus tard membre du Conseil Supérieur, les deux autres occupant une haute situation dans le clergé canadien, constituaient la famille. Le chanoine Pierre Hazeur de l'Orme,—ce nom lui venait de la famille de sa mère,—habitait Paris où il représentait les intérêts du Chapitre de Québec, et séjournait surtout à Bénevent abbaye de ce même Cha-

---

(1) Mgr Laflamme, loc. cit.

(2) Bulletin des Recherches Historiques XIII, pages 234 et suiv., pour ces renseignements sur la famille Hazeur.

(3) Idem.

pitre, d'où il surveillait les intérêts de ses confrères en même temps que les siens et ceux de sa famille. L'autre le chanoine Joseph-Thierry Hazeur résidait à Québec et menait apparemment une vie plus calme.

Sarrazin en prenant femme entrait en même temps dans une famille importante où sa haute réputation et son rang social ne se trouvaient aucunement déplacés. Outre la gratification qu'il recevait, il était propriétaire à cette époque du fief St-Jean et en ajoutant à ces titres et à celui de membre du Conseil Supérieur, celui de seigneur du Grand-Etang, que lui apportait sa femme, les situations s'équilibraient seulement.

Ses relations très étendues, en France et au pays, le situaient dans la haute société de l'époque. Ami et souvent médecin des gouverneurs, très lié à tous les intendants qui se succèdent et ne cessent d'intervenir pour lui, en contact constant avec les intellectuels du pays, membres du clergé ou autres, il fait partie de l'élite. On recherche sa société et l'on se plaint de son absence. L'abbé Tremblay se réjouit un jour de son retour pour les messieurs du Séminaire qui doivent manquer sa compagnie. Ses services professionnels auprès de Monseigneur de Laval comme plus tard de Monseigneur de Saint-Valier, ses voyages à Montréal avec les gouverneurs, ses travaux poursuivis avec Dupuis ou Hocquart, la haute considération dont il jouit, tant aux Ursulines qu'à l'Hôtel-Dieu ou l'Hôpital Général, montrent combien on l'apprécie. Nous l'avons vu déjà en relations suivies et très intimes avec l'hydrographe du roi, il est à présumer que ses rapports avec monsieur Chaussegros de Léry, le brillant ingénieur qui habitait alors Québec, n'étaient pas moins cordiaux, et nous les retrouvons s'intéressant aux mêmes problèmes. En dehors de Québec les conditions sont identiques. A Montréal comme dans la campagne, ses confrères et les curés correspondent avec lui, il prodigue partout ses conseils, se retrouve dans tous les milieux. Et il nous semble revoir un de ces maîtres de l'heure, qu'honorent les grands, et que recherchent les petits ; les uns heureux de lui être agréables et respectant sa science, les autres fiers de montrer qu'ils le connaissent et admirant sa valeur.

En France, il est bien à la Cour, ministres et conseillers s'intéressent à son travail et à sa situation. Il correspond avec les hommes en vue dans le monde, à Versailles et dans les milieux scientifiques. Le chanoine son beau-frère ne néglige rien à Paris pour étendre ses relations. Après Tournefort, c'est Réaumur surnommé le Pline du XVIIIe siècle et qui à vingt-cinq ans est déjà de l'Académie. C'est encore l'abbé Bignon, oratorien, prédicateur et bibliothécaire du roi, président honoraire de l'Académie des Sciences et des Inscriptions et

Belles-Lettres, membre de l'Académie Française. Ce n'est sans doute pas mince affaire que d'être dans les bonnes grâces de l'abbé qui a protégé Tournefort et en collaborant au Journal des Savants, lui en ouvre les portes. C'est en province un confrère qui pratique à Rochefort et comme lui est correspondant de l'Académie, monsieur Jean Cochon Dupuis (1), auteur d'un " Manuel des opérations de chirurgie " (2). C'est Fontenelle (3), lui-même, secrétaire et historien de l'Académie des Sciences. Peu d'hommes dans la colonie, en dehors de ceux qui constituent le monde officiel, peuvent prétendre à de telles amitiés.

Sa situation enviable abat les barrières que pouvait dresser la grande différence d'âge entre lui et mademoiselle Hazeur. Homme consciencieux et droit, travailleur et honnête, religieux et dévoué, il ne paraît pas cependant avoir joui d'un caractère facile. De santé délicate, brisé par son constant labeur, il a la réputation d'être plutôt " chagrin et rêveur "(4). Essentiellement pessimiste, souvent mécontent de sa situation, et peut-être justement ambitieux et conscient de ses travaux, il ne manque jamais de signaler dans ses lettres, le triste état de sa position financière, les conditions

-----

(1) Lettre de Reims.
(2) Larousse Encyclopédie.
(3) Lettre de Reims.
(4) Archives de l'Hôtel-Dieu.

difficiles de son expérimentation, le peu de cas qu'on semble en faire, en même temps qu'il fait allusion à ses ambitions académiques et à tous les services rendus. Ses opinions sur les hommes ne sont guère ménagées et il ne craint pas de dire ce qu'il pense des Jésuites ou des intendants, soit qu'il approuve leur rappel même s'il fut d'abord satisfait de leur présence (1), soit qu'il regrette leur départ (2). Auprès de ses confrères il sait aussi dominer et les gouverneurs eux-mêmes remarquent que sa présence suffit à les tenir plus en forme(3). Il ne cède pas à leurs caprices, et dans une difficulté avec un collègue " bien qu'il aime la paix " (4) il réussit à le " faire mettre à la raison ".

Sa grande bonté et son dévouement extrême sont malgré tout admirés par tous ceux qui l'approchent et personne ne se plaint de ses petits défauts évidemment plus apparents que réels. Son esprit observateur, son goût de la recherche, sa critique facile et les conditions de vie spéciales où il se trouvait, très absorbé de toutes parts, n'en faisaient point un mondain dans cette société coloniale où pourtant on cherchait assez naturellement à se distraire.

---

(1) Lettre de Reims.
(2) Idem.
(3) Lettre des Gouverneurs.
(4) Lettre de Reims.

Le vieux Québec du XVIIIe siècle n'était
nécessairement qu'une capitale de l'époque et
encore capitale excentrique. Lorsque l'on sait
ce qu'étaient certains quartiers du Paris de
Louis XIV et de Louis XV, voire " des Misé-
rables ", il n'y a guère à s'étonner de l'organisation de la ville canadienne. Ses quartiers
naissants de la basse et de la haute ville, même de St-Roch—qui commençait à se grouper
autour d'un petit ermitage dédié en 1703 par
les Récollets au saint qui protège des épidémies (1),—ne s'étendaient que très peu en dehors des fortifications déjà restreintes, et l'on
passait vite en banlieue. Sarrazin sur ses terres qui seraient aujourd'hui en plein centre,
se trouvait à la campagne.

La basse ville et ses vieilles rues Sault-au-
Matelot, Notre-Dame et Sous-le-Fort qui font
encore le pittoresque du Québec moderne, si
tôt disparu dans la niaiserie du jour, constituaient la partie chic habitée par les gens les
plus huppés (2). Et comme ailleurs, Sarrazin
est à l'avant-garde, lorsqu'il vient se loger rue
St-Louis dans la dix-septième maison à partir du Fort (3) avec sa femme et ses deux enfants. Cette rue ne comptait guère en 1716

____

(1) Québec en 1730, l'abbé Auguste Gosselin, Soc.
Royale 1899.

(2) Idem.

(3) Mgr Laflamme, loc. cit.

que des ouvriers, et gens du peuple, à part
monsieur de Lotbinière (1).

Rues et places en fait se valaient toutes. A
peu près sans pavages, boueuses et mal tra-
cées, remplies de débris et de roches qui en
rendaient la circulation plus difficile encore,
bordées de pieux clôturant de toutes parts les
maisons et les communautés (2), elles n'a-
vaient rien de l'ordonnance qui caractérise
les municipes quasi modernes du grand em-
pire romain, en ses frontières les plus recu-
lées. Le grand voyer, malgré ses efforts, n'é-
tait guère mieux écouté que de nos jours, et si
nous avons peu progressé en sciences, il faut
avouer que sur maintes autres questions, nous
sommes souvent très XVIIIe malgré les
grands travaux urbains de nos grands hommes. Sur ce sujet au lieu de s'efforcer de dé-
truire le pittoresque passé qui reste le caractère du Québec de toujours, il vaudrait mieux se
contenter de la très simple propreté que conseille l'hygiène moderne.

Si la voirie laissait à désirer, les édifices pu-
blics et habitations étaient tout de même
plus convenables. La plupart construits en
pierre (3), certains groupements sont déjà
importants et ne manquent pas de laisser bon-

---

(1) L'abbé Aug. Gosselin, loc. cit.
(2) Idem.
(3) Charlevoix " Journal d'un voyage dans l'Amérique Septentrionale ", Vol. V, page 107, Paris, 1744.

ne impression au voyageur. L'évêché, la cathédrale, le séminaire, le fort, le couvent et l'église des Récollets, l'Hôtel-Dieu, l'Hôpital Général, le palais de l'intendant et le collège des Jésuites (1), sont autant d'édifices qui pour n'être pas des œuvres d'art constituent néanmoins beaucoup plus qu'un simple bourg sans caractère.

Et dans cette ville de sept mille âmes (2), "on trouve un petit monde choisi, où il ne manque rien de ce qui peut former une société agréable". Et quelle société et quels salons ! Toute la haute administration, une petite cour, une gouvernante et une intendante entourées l'une et l'autre de femmes dont on dit grand bien tant pour l'esprit que pour la mode. On ne peut espérer mieux. Les Canadiens vivent largement sans thésauriser,—ce ne fut jamais leur fait,—le coût strict de la vie n'est pas très élevé pour ce qu'on n'importe pas (3). Ils ont, toujours au dire du père Charlevoix, une fort bonne opinion d'eux-mêmes, coutumes qui toutes on le voit ont passé d'âge en âge au point qu'on chercherait en vain l'évolution. On leur reconnaît certes certaines aptitudes, voire même du génie pour la mécanique et les arts, mais un manque de constance

---

(1) Charlevoix, loc. cit.
(2) C'est la population de 1720.
(3) Charlevoix, loc. cit. cité par E. Gagnon " le fort et le Château St-Louis ".

et d'application qui contrebalancent ces bonnes dispositions. Voilà à deux siècles de distance un portrait d'une fidélité troublante. Cependant c'est celui du monde où vivait Sarrazin, que d'espoirs cela fait naître !

Il est amusant de voir évoluer dans ce milieu, un homme chez qui l'on retrouve en partie ce caractère, mais chez lequel s'associent d'autre part tant d'autres qualités qui le mettent en vedette au point que le même auteur,—juge très compétent,—est " surpris de trouver un homme d'un mérite si universel dans une colonie ".

Dans ce centre et cette société, la part mondaine de Sarrazin devait être minime. La vie sociale était cependant des plus actives et il fallait se distraire par des réunions fréquentes et des manifestations quelquefois grandioses. " Chagrin et rêveur " il se complait plus à l'étude et on le comprend plutôt penché sur sa table où il dissèque, que fièrement campé dans un salon à faire sa cour. On le voit plutôt cheminant dans les bourbiers des rues pour courir au client ou à l'hôpital, sans hâte, en contemplant les grands horizons et méditant sur les problèmes qu'il étudie ou sur les affaires qu'il projette. Car ce chercheur assez conforme au savant classique distrait et sans pause, s'intéresse tout de même au mouvement social et joue un rôle dans la vie politique et administrative, non sans importance. On le con-

çoit mal participant aux grandes manifestations populaires qui sont déjà de règle, soit
qu'il s'agisse d'une mascarade des quatre saisons organisée par Raudot(1)ou des fêtes plus
grandioses auxquelles donne lieu la naissance
du Dauphin (2), soit plus simplement encore
qu'on projette des parties de plaisir et même
de chasse. Il appert en effet que cette dernière distraction très répandue chez tous les habitants y compris les gentilshommes, n'attirait
même pas Sarrazin. Tout ce qu'il rapporte
dans ses travaux en rapport avec les mœurs
des animaux étudiés, lui vient par ouï-dire et
jamais il ne peut apporter la moindre expérience personnelle. Il se contente seulement
d'élever quelques animaux chez lui, lorsqu'il
peut se les procurer vivants, comme il cultive
les plantes qu'au hasard de ses promenades il
a recueillies lui-même. Il n'est pas malgré
tout casanier. Non seulement nous l'avons vu
à Sainte-Anne-de-Beaupré en haute compagnie, mais malgré les difficultés du voyage et le
mauvais état des routes, à peu près inexistan-
tes entre Québec et Montréal avant 1713, tout
au moins, ses voyages en cette ville comme à
Trois-Rivières sont assez fréquents. Il se ren-
dra même un jour jusqu'à la côte de Gaspé, à
ce fief du Grand-Etang, dont il voudra recon-

____

(1) En 1708, documents relatifs à la Nouvelle-France, vol. I.
(2) Abbé Auguste Gosselin, loc. cit.

naître la valeur. Il va où le travail l'appelle, fouillant la nature et cherchant son secret lorsqu'il n'a pas à guérir, mais ne cherche pas le plaisir. Il n'est pas de ceux qu'on rencontre aux lieux où l'on s'amuse, peut-être assistait-il naguère aux séances dramatiques où l'on jouait chez les Jésuites du Racine ou du Corneille (1), mais il ne fréquentait pas, si près qu'elle fût de chez lui, la salle de billard que tenait Henri Cain dit La Taille, rue Mont-Carmel avec la permission sévère il est vrai de l'intendant Dupuis (2).

Il suivait assidûment les séances du *Conseil Supérieur* dont le titre plus modeste avait été substitué à celui de Conseil Souverain. Ces réunions avaient lieu à deux pas de l'Hôtel-Dieu, au palais de l'intendant.

Sarrazin était nommé au Conseil pour y remplacer le sieur Juchereau Duchesnay qui avait refusé de s'y faire recevoir et le mémoire du roi en date du 30 juin 1707 qui annonçait la chose était accompagné des provisions à ce sujet (3). A la même date Sarrazin recevait avis de sa nomination: " J'ai receu la lettre que vous m'avez écrite le 25 du mois d'octobre de l'année dernière, le Roy a bien voulu

---

(1) Mgr Amédée Gosselin " L'Instruction au Canada sous le régime français ", page 313.
(2) P.-G. Roy " Petites choses de notre histoire ", IIIè série.
(3) Mémoire du roi à Vaudreuil et Raudot, 30 juin 1707. Archives de la Province de Québec.

vous accorder une place de conseiller au conseil supérieur de Québec, sa Majesté étant persuadée que vous la remplirez avec capacité et droiture. J'en anvoye les provisions à Mrs de Vaudreuil et Raudot pour vous les remettre. Sa Majesté est satisfaite du soin que vous prenez des malades de la colonie de Canada. Elle s'attend que le nouvel employ qu'elle a bien voulu vous donner ne vous empêchera pas de secourir ces malades comme vous avez fait jusqu'à présent, j'auray attention de vous procurer des grâces de sa Majesté quand l'occasion s'en présentera " (1). Sarrazin attendait ce nouvel honneur et on le lui accordait avec confiance, en s'informant auprès de l'intendant de la façon dont il le croyait capable de remplir ces fonctions (2).

Malheureusement, la signature du roi manquait à la pièce officielle et le Conseil s'oppose à ce que Sarrazin prenne part aux délibérations. Les retards administratifs, étant donné la rareté des courriers, devenaient importants et se comptaient par années. La situation ne fut réglée que plus tard et Sarrazin ne fut admis à siéger fin novembre qu'à condition que

____

(1) Archives Publiques du Canada (Archives Nationales, série B. 29-2, page 311) à Versailles, 30 juin 1707. Lettre à Sarrazin. Archives de la Province de Québec.

(2) Archives Publiques du Canada (Archives Nationales, série B. vol. 29-1, page 176. A Versailles, 30 juin 1707. Lettre à M. Raudot.

sa lettre soit signée pour le retour de la flotte, et que toute la procédure soit conforme aux règlements (1).

Sarrazin remplit exactement sa mission et participe activement au travail considérable qui relève de ce Conseil. Cependant il sait prendre position et n'est pas là pour opiner toujours.

En effet de graves difficultés s'élèvent dans ce corps constitué, à la mort de Monseigneur de Saint-Valier en 1727. Les pouvoirs civils et religieux se divisent sur la question de la succession épiscopale et des droits du chapitre et peu s'en faut qu'on ne puisse procéder à l'inhumation de l'évêque. Le gouverneur et le clergé se rangent dans un camp, l'intendant Dupuis et le Conseil dans l'autre, au point que la situation devient grave, que le gouverneur intervient sévèrement et prononce des arrêts contre le Conseil et certains de ses membres. (2). Il est intéressant de savoir comment Sarrazin prit la chose, et de toute évidence, il se rangea contre Dupuis avec lequel pourtant il avait jusque là été en très bons termes, l'associant même à ses travaux scientifiques. Comme question de fait il s'abstient totalement d'assister aux séances, établissant sa position favorable au clergé et au gouverneur qui ne

(1) Lettre de M. Laverdière à M. l'abbé Verreau, fonds Verreau, Archives du Séminaire.
(2) Cf. Garneau, Histoire du Canada, vol. II.

veut plus de réunions. Lorsque toute la question est réglée et qu'on a rappelé monsieur Dupuis, non sans blâmer le gouverneur, on ne manque pas de lui reprocher assez vertement la chose: " On est persuadé qu'il n'a eu que de bons motifs en n'assistant pas aux séances du Conseil Supérieur depuis la mort de l'évêque de Saint-Valier, mais lorsqu'on n'a que de bonnes intentions,—que Sarrazin avait probablement affirmées dans sa défense,—il vaut mieux encore se conformer aux exigences de sa charge " (1).

L'incident nous montre pourquoi Sarrazin a totalement changé d'attitude à l'égard de l'intendant son compagnon de travail et ceci explique le passage de sa lettre à Réaumur, le 4 octobre 1728, où il dit : "... dans la lettre dans laquelle était le dernier dessin que j'ai eu l'honneur de vous envoier et qui partit d'icy au mois de juin 1728, l'année grâce au Seigneur, que monsieur Dupuis est retourné en France. Un de mes étonnements, c'est de ce qu'il s'est humilié jusqu'au point d'avoir bien voulu vous écrire sur une matière qu'il n'a pu entendre qu'autant que je lui en ai donné l'intelligence. Je vous prie monsieur, si jamais vous faites réimprimer cet ouvrage ne parlez non plus de lui que si je ne l'avais jamais vu ".

Sarrazin comme bien d'autres ne croyait

____

(1) Archives Publiques du Canada. Rapport de 1904, page 116. Lettre du 2 mai 1729.

pas à la grande humilité de monsieur Dupuis, et mieux que bien d'autres, il avait su au Conseil se ranger contre lui et lui gardait en somme une profonde rancune qui détruisait la bonne opinion naguère exprimée sur sa compétence scientifique (1). L'incident est piquant et montre bien le caractère indépendant malgré tout d'un homme pourtant porté à s'attirer les faveurs de tous côtés et en ayant grand besoin.

Le nom de Sarrazin revient souvent dans les délibérations. Il s'intéresse aux questions d'intérêt général et étudie avec l'esprit d'observation qui le caractérise certains problèmes d'économie locale primordiaux.

Il avait signalé la grande valeur alimentaire du blé de Turquie dont la farine aurait eu des propriétés nutritives d'importance (2). Cette question des blés était capitale dans un pays où, vu la brièveté des saisons, il fallait à tout prix obtenir les meilleurs rendements possibles. En 1715, le Conseil l'avait chargé avec monsieur de la Colombière, de surveiller les opérations de mouture et de cuisson (3).

Mais il fit plus et Kalm rapporte sur le sujet un fait assez curieux, confirmant encore combien Sarrazin savait reporter dans la vie

---

(1) Cf. Pièces justificatives, lettre du 4 octobre 1728.
(2) Journal historique de 1755, cité par Mgr Laflamme.
(3) Lettre de M. Laverdière. Dossier Verreau. Archives du Séminaire, cité déjà par Mgr Laflamme.

pratique ses conceptions expérimentales : "Le blé d'hiver de Suède et le seigle d'hiver ont été envoyés au Canada pour voir comment ils s'acclimateraient ; car on ne sème ici que le blé d'été, l'expérience ayant démontré que le blé et le seigle de France semés en automne, ne supportent pas l'hiver. Le docteur Sarrazin (à ce que m'a dit le doyen des Jésuites ici Québec) s'est procuré en Suède une petite quantité de blé et de seigle de l'espèce dite d'hiver. Elle fut semée en automne, passa l'hiver sans dommage aucun, et rapporta de beaux grains à épis plus petits que le blé du Canada… et ce grain donna une plus grande quantité de belle farine que le blé d'été. Je n'ai jamais pu savoir pourquoi l'expérience n'a pas été continuée " (1). Voilà bien l'esprit ouvert de notre premier savant, recourant sur toutes questions à la recherche d'ordre scientifique.

Même dans le monde administratif, Sarrazin tenait à monter et acquérir des charges comportant un traitement. On ne l'en jugeait pas indigne, et confiant en son jugement, on ne craignait point de le charger de besognes tout autres que celles relevant de ses connaissances spéciales. Il eût évidemment désiré devenir premier conseiller et en avait sans doute fait la demande, à la mort de monsieur de Lino. Le sieur Cugnet ayant hérité de cette

____

(1) Voyage de Kalm. Mémoires de la Soc. Historique de Montréal, 8e livraison.

charge, on lui accorde le poste important de garde des sceaux que remplissait aussi monsieur de Lino (1). Et quelques années avant sa mort, exactement en 1733, le docteur Sarrazin, médecin du roi et des hôpitaux en Nouvelle-France, devient en même temps un fonctionnaire législatif de première grandeur. L'ordre du roi qui l'établit dans cette charge dit toute la confiance que de nouveau on met en lui dans ce nouvel état de chose (2).

L'activité de Sarrazin dans la vie publique, correspondait à son enthousiasme pour les sciences, aussi bien qu'à l'étendue de son travail médical. Cette surcharge de toutes parts, ne l'empêchait point de s'intéresser aux affaires et de surveiller ses intérêts et ceux de sa famille, en se lançant dans des entreprises importantes et en cherchant surtout à élargir un patrimoine qui semblait assez maigre à son arrivée et que ses deux premiers testaments ne font pas prévoir très substantiel.

---

(1) Archives publiques du Canada (Archives Nationales, Série B. vol. 59-1, page 164.
(2) Cf. Pièces justificatives.

CHAPITRE VII

UN INTELLECTUEL DANS LES AFFAIRES

CHAPITRE VII

UN INTELLECTUEL DANS LES AFFAIRES

———

L'état financier en Nouvelle-France. — La situation d'un
médecin du Roy. — Sarrazin propriétaire foncier. —
L'intellectuel dans les affaires. — Exploitation d'une
ardoisière. — L'affaire Drouart. — La désillusion. —
L'isolement. — La mort de Sarrazin. — Son éloge.

———

Les Canadiens, comme l'indique le Père
Charlevoix, ne pratiquaient pas plus l'économie au XVIIIe siècle qu'ils ne le font aujour-
d'hui. Cependant l'état de pauvreté de la colonie eût dû les y engager. S'il était possible de
s'y procurer certains produits naturels, toutes
les importations y devenaient par contre très
dispendieuses. On signale de toutes parts
la condition précaire des habitants au point
de vue financier et l'impossibilité où ils se
trouvent de rémunérer, entre autres, de façon
convenable les services médicaux qu'on peut
leur rendre. Gentilshommes peuvent difficilement subvenir à leur subsistance et n'y arrivent qu'en recourant à la chasse qui devient

pour eux un puissant apport. Le colon parvient encore par son travail à se fournir de l'indispensable, l'intellectuel est évidemment dans une situation beaucoup plus difficile. Inutile d'insister sur ce que pouvait être la vie d'un chercheur, s'il n'eut été gratifié de certains octrois. Le problème se pose encore de nos jours, il n'y a pas à s'étonner qu'il fût alors insoluble.

Les espèces monnayées n'existaient pratiquement pas au pays (1). En augmentant au Canada la valeur de la livre française, on n'avait pas réussi à faire abonder le numéraire. Les relations commerciales étaient par suite assez complexes sur place et le devenaient autant avec l'extérieur étant donné les conditions financières de la France elle-même. Dès la fin du XVIIe siècle, on avait obvié à ces difficultés, en créant un système sous forme de " monnaie de cartes ", ayant cours uniquement en Nouvelle-France et qu'ont rappelé en ces dernières années pendant la guerre ces pièces de bilon local en certaines villes et certains territoires, dont les voyageurs imprudents sont souvent restés possesseurs. Ces cartes de valeur nominale n'eurent qu'un médiocre succès au début et subirent plus tard une telle baisse, qu'on les supprima, lorsque la France fournit

____

(1) **Abbé Ferland**. Cours d'Histoire du Canada.

à la colonie de petites quantités de monnaie (1).

Enfin pour mettre le comble à cette situation, il existait une question de tarif et certaines compagnies exerçaient un monopole souvent néfaste à la liberté du commerce et favorable à la limitation des exportations.

On fabriquait sur place des articles de première nécessité et nous avons vu sous Talon l'industrie progresser. Le colon arrivait à tisser partie de ses vêtements ou utilisait largement les fourrures ; on voyait à restreindre tout ce qui pouvait contribuer à la dépense ; certains règlements étaient même assez sévères et les intendants cherchaient à préconiser l'élevage important du bétail, comme on chercha à favoriser le développement des ressources naturelles. Mais le coût de la vie était malgré tout assez élevé, les familles nombreuses, les accidents de toute nature, parmi lesquels l'incendie désastreux, fréquent, il fallait ne rien négliger, avoir recours à toutes les sources possibles de revenu.

La situation d'un médecin du roi, fût-il correspondant de l'Académie des Sciences, n'était pas très fortunée. Il ne pouvait en être autrement, car plusieurs confrères participaient en général en même temps aux faveurs de la caisse royale et les octrois accordés, deve-

____

(1) Abbé Ferland, loc. cit.

naient par suite assez importants dans l'ensemble, bien qu'ils fussent pour chacun d'eux modestes. Si l'on joint à cela le nombre assez considérable de fonctionnaires de toutes catégories et les dépenses diverses qu'entraînaient le maintien, le développement et la défense de la colonie, le coût en devient d'importance.

Puis s'ajoutent les catastrophes trop souvent répétées où figurent les pertes de vaisseaux, pertes irréparables et néfastes. Sarrazin pourtant porté, nous l'allons voir, à demander fréquemment sa part, ne peut s'empêcher de le constater dans une lettre à Réaumur, et avoue que ces naufrages s'ajoutant au reste, ne sont guère encourageants pour l'administration : "Mais en faut-il davantage pour nous rendre tout à fait odieux dans l'esprit de la cour surtout dans celui d'un ministre de qui les faveurs et le zèle pour cette malheureuse colonie devient inutile. Que n'a-t-il pas perdu le roi par la perte entière du " *Cha-meau* ", que ne perd-il pas encore aujourd'hui par celle de l'" *Eléphant* ". Ces mauvaises aventures dégoûtent" (1). L'un et l'autre de ces bateaux avaient péri à quelques lieues de Québec et le dernier y emmenait le nouvel évêque Monseigneur Dosquet qui fut sauvé avec tous les passagers.

Les épidémies formidables, étudiées plus

------

(1) Lettre de Sarrazin à Réaumur le 4 oct. 1728. Académie des Sciences.

haut, n'étaient pas non plus sans susciter une question financière et lorsqu'elles entraînaient comme en 1732, l'arrêt de toute entreprise et coïncidaient avec une disette (1), on peut juger de la gravité de la situation et du dévouement dont doivent faire preuve nos médecins, sans grand espoir des gains les mieux justifiés.

Si l'on compile soigneusement les tarifs médicaux, on constate qu'ils s'élevaient à peu de chose : trois livres pour un pansement, une livre pour une saignée, et jusqu'à deux si elle était au pied, une livre pour un médicament et guère plus un clystère (2). Il est vrai que certaines visites spéciales pouvaient atteindre cinq livres (3), mais c'était encore minime. La livre sans tenir compte de la valeur parisis ou tournois, ni même de sa valeur locale, représentait à peu près un franc. Et les clients ne semblent pas avoir été pour cela plus satisfaits, ni mieux disposés à régler la note d'honoraires. Il est facile de relever les nombreuses réclamations de cette nature.

Et les octrois royaux ? Tout aussi modestes ! Dès son retour au pays, il fut question de toutes parts de rétribuer Sarrazin pour ses services. Gouverneur, intendant, religieuses qui redoutaient son départ usent de leurs influences dans tous les milieux pour qu'on crée

----

(1) Abbé Ferland, loc. cit.
(2) Cf. Ahern Mémoire de Roussel, loc. cit.
(3) Cf. Ahern Mémoire de Coustard, loc. cit.

une situation lui permettant de vivre au pays
et l'engageant à s'y installer définitivement.
Après des hésitations financières, on le nomme médecin des hôpitaux et il lui est octroyé
trois cents livres. On en demandait six (1).
Puis commence l'enchère oh ! bien modique
recherchée d'année en année. Tous s'y intéressent. En 1699 la nomination de monsieur
de Callières fait espérer quelque chose. L'abbé Tremblay à Paris voit lui-même monsieur
de Brisacier et La Touche (2). On espère
mais rien n'y fait. La correspondance se poursuit les années suivantes sans plus de succès.
En 1702, une première augmentation de trois
cents livres vient améliorer le budget. En
1703 une augmentation de deux cents livres
est due au bon témoignage de messieurs Callières et Beauharnois (3). Sarrazin salarié se
demande s'il peut charger en plus aux malades, pour ses soins. La cour lui répond favo-
rablement en admettant que la gratification
n'est pas suffisante pour lui permettre d'agir
autrement (4).

Puis le leitmotiv recommence. A huit
cents livres, Sarrazin n'est pas encore satisfait. Il a raison, et la somme de travail qu'il

---

(1) Lettre de Champigny, 6 novembre 1695.
(2) Lettre abbé Tremblay. Archives du Séminaire.
(3) Mémoire du roi à ces Messieurs. Archives de la
Province de Québec.
(4) Lettre du ministre, 9 juin 1706. Archives de la
Province de Québec.

fournit tant en médecine qu'en sciences, vaut beaucoup plus sans conteste. Le roi ne peut se rendre cependant à la demande émanée cette fois de messieurs de Vaudreuil et Raudot, il se contente de le nommer au Conseil Supérieur et de suggérer toute l'aide qu'on peut lui fournir " sans dépense " (1). Il lui est même signifié l'année suivante qu'avec sa nouvelle position, il doit être en état d'attendre (2).

Le sieur Boudeau, son remplaçant pendant ses études à Paris, était resté pensionnaire à la demande formelle de Frontenac lui-même A la mort de celui-ci, on lui reporte les trois cents livres dont il jouissait. Il est vrai d'ajouter que ce n'est pas sans insistance qu'il obtient de se faire remettre la somme, lorsque de nouveau il quitte la colonie en 1709, mais c'est tout de même un gain réclamé avec empressement après son mariage (3).

Nous en sommes à onze cents livres, traitement acquis avec lenteur et non sans surmonter maintes difficultés et sans multiples interventions. Il faudra trouver des raisons nouvelles pour dépasser ce chiffre. Les dépenses de voyage pour herboriser et étudier les animaux vont en fournir l'occasion, et le Ré-

____

(1) Mémoire du roi. 30 juin 1707. Archives de la Province de Québec.

(2) Lettre du Ministre à Sarrazin, 6 juin 1708. Archives de la Province de Québec.

(3) Lettre à monsieur Bégon et à Sarrazin, 2 juillet 1713. Archives publiques du Canada.

gent se rend cette fois à la demande de l'abbé
Bignon (1), pour lui accorder à ces fins cinq
cents livres en 1717. Il s'agit d'un octroi spécial difficile à maintenir et qui ne sera pas toujours payé très régulièrement ce dont Sarrazin ne manquera pas de se plaindre à plusieurs reprises (2). Des informations préala-
bles auprès des intéressés de l'Académie des
Science seront nécessaires pour que ce verse-
ment se répète (3) et le paiement des arréra-
ges se fera seulement grâce à l'intervention de
ces derniers (4). Ses réclamations au Conseil
de Marine par l'entremise de son procureur,
seront vaines à ce sujet étant donné que cette
gratification relève directement du trésor royal
(5).

Seize cents livres en tout, c'est tout de même plus que ne recevaient ses collègues. A ceci s'ajoute plus tard une gratification à son fils
pour poursuivre en France ses études médicales. Quatre cents livres lui sont encore accor-
dées dans ce but. Et sur la fin de sa vie, ce bon
serviteur de la science et de la société partici-

---

(1) Lettre à l'abbé Bignon, 30 janvier, et à MM.
Vaudreuil et Bégon, 7 juillet 1717. Archives publiques
du Canada.
(2) Cf. Pièces justificatives.
(3) Lettre à l'abbé Bignon. Cf. Pièces justificatives.
(4) Lettre à MM. Beauharnois et Dupuis. Archives
publiques du Canada.
(5) Lettre à Maître Pascaut, 23 février 1721. Archives publiques du Canada. (Archives Nationales, série
D, vol. 44-1, page 118).

pe au trésor public pour environ deux mille livres, lorsqu'il lui arrive d'être régulièrement payé de ses divers octrois. Il a su en homme économe faire bénéficier ces modestes rentes et s'il n'a pas en abondance d'espèces sonnantes, ce en quoi il ne diffère guère de ses concitoyens, ses propriétés foncières sont d'importance et avec celles que lui a apportées sa femme, elles constituent un joli patrimoine.

De toutes ces propriétés, la plus étendue était le fief St-Jean, correspondant à un quartier de la ville actuelle de Québec. Cette seigneurie avait une superficie de six cents arpents (1). Elle s'étendait de la rivière St-Charles à la Grande-Allée et comprenait une grande part des terrains situés entre la *remise actuelle des tramways urbains* et l'avenue Holland, englobant par conséquent toute une partie du *Parc des Champs de Bataille* y compris le monument des Braves (2). Ceux qui connaissent les lieux peuvent juger de l'importance d'une telle métairie. Sarrazin l'avait acquise le 22 octobre 1709 au cours d'une vente par autorité de justice sur monsieur de la Chesnaye (3). Il acquérait du même fait les fiefs St-François et Ste-Geneviève y attenant, le tout au prix de sept mille quatre cents

---

(1) Bulletin des Recherches Historiques, **XXVI**, page 81.
(2) Idem **VI**, page 38.
(3) **Idem.**

livres (1). Ce fief avait eu pour premier ad-
judicataire le sieur Jean Bourdon qui y avait
installé naguère un moulin. La seigneurie
comportait une vaste maison en bois, deux
granges, une étable et deux petites écuries,
sans compter deux maisons appartenant au
sieur Dedieu dont il fit aussi l'acquisition (2).
Un fermier du nom de Gabriel Flibot cultivait
cette terre pour Sarrazin qui y faisait lui-même de fréquents séjours.

Au pied des coteaux, en contre-bas de ce
vaste local, il se trouvait englober aussi toute
cette région désignée sous le nom de " Sans-
Bruit ". Quelle richesse si tout n'eut pas un
jour été englouti.

Sarrazin possédait en ville une propriété
sise rue St-Louis où il habita après son mariage un certain temps. Il acquit plus tard du Séminaire de Québec un emplacement rue du
Parloir. Ce terrain situé " en partie sur rue la
Montagne et celle allant au séminaire " (3),
fut payé mille livres et régularisé plus tard au
coût de deux cents. Sarrazin s'y construisit
une maison où il vint demeurer après avoir
satisfait aux conditions de vente qui stipu-
laient que cette construction n'aurait pas vue
sur le séminaire et en serait séparée par une

---

(1) " Acte de foy et Homage ", cité par Ahern.
(2) Bulletin des Recherches Historiques XXVII, page 135.
(3) Document Verreau, Archives du Séminaire.

clôture de pieux et des arbres pour cacher le tout.

Une de ses propriétés lui rapportant six cents livres de rente fut incendiée vers 1726 (1). Il semble bien que ce soit celle de la rue St-Louis, à moins que ce ne fût la maison sise à la place Notre-Dame et qui lui revenait de son mariage avec mademoiselle Hazeur.

Cette union en effet lui avait fourni d'autres titres fonciers dont il bénéficiait largement. De ceux-là le plus substantiel constituait le fief de la Grande-Vallée-des-Monts Notre-Dame auquel s'ajoutait la concession de l'Anse-de-l'Etang, d'où il tire son nouveau titre de Sarrazin de l'Etang. Ces deux seigneuries sur la côte de Gaspé avaient été successivement concédées à monsieur Hazeur en 1691 et 1697. Elles s'étendaient en un domaine de plusieurs lieues, partagé avec sa nouvelle famille et d'où nous le verrons bientôt chercher à tirer fortune.

Sa femme lui apportait encore partie de la seigneurie de la Malbaie divisée entre elle et ses frères (2).

Sarrazin, on le voit, était un propriétaire d'importance et l'on conçoit mal en vérité " sa difficulté à vivre " (3), si tant est qu'il soit toujours profitable à ce point d'être propriétai-

---

(1) Lettre de Reims.
(2) Rapport de l'Archiviste, 1922.
(3) Lettre de Reims.

re. Sa descendance, en tout cas, eût été puissamment riche si toutes ces possessions se fussent maintenues en bonne main. Ce qu'il avait acquis lui-même et la dot de sa femme le sacraient grand seigneur, tel que l'établit l'acte de " foy et hommage " rendu à Québec le 10 juillet 1726.

Mais outre ce que lui avaient fait perdre l'incendie et la baisse des " billets de banque " (1)—il doit s'agir des monnaies de carte,—Sarrazin comme tant d'autres, allait tout sacrifier en se lançant dans les affaires, " passe encore de bâtir, mais planter à cet âge " ! Et surtout lorsqu'on est " chagrin et rêveur " et par ailleurs homme de science épris d'un certain idéal.

Les intellectuels ont sous le rapport commercial une très mauvaise réputation quelquefois exagérée, mais trop souvent justifiée. Il s'agit en effet d'habitude, de mentalités totalement divergentes et l'élite de la culture diffère du tout au tout de l'élite commerciale, quelle que soit à toutes deux leur valeur incontestable et indépendante de leur fonction. L'homme d'affaires peut évidemment se cultiver sans que son commerce en souffre et l'intellectuel devenir millionnaire sans être pour cela un inférieur. Aux yeux du grand nombre, il n'y a même aujourd'hui que celui-là qui ait du

---

(1) Lettre de Reims.

génie. Malheureusement et trop souvent pour ce dernier, s'il embrasse trop dans le domaine de la spéculation financière, c'est au détriment de son progrès scientifique ou alors il fait fortune par à côté, sinon il s'expose aux plus déplorables échecs. Ce fut le cas de Sarrazin, malgré toutes ses tentatives et tous ses efforts. Aussi la fin de sa carrière devient-elle assez peu fructueuse du jour où son orientation semble changer de voie.

On croit parfois que le goût des affaires s'est surtout développé à notre époque et on veut trop souvent y voir une invention moderne pour ne pas dire américaine. De tous temps, il en fut ainsi, Rome aussi bien que Venise, les Irlandais, les Danois, les Normands et l'Espagne, furent à tour de rôle les successeurs des Phéniciens, et les colons canadiens des premiers âges ne laissent sur ce point rien à désirer. Bourgeois et hommes des champs, clergé et hommes de profession, tous y prenaient leur part et venaient déjà chercher en Amérique, sous une forme ou sous une autre, l'or qui brille toujours. De tout le mal qu'on se donnait, des privations souffertes et des efforts tentés par tous, l'espoir de quelque richesse n'est-il pas en fait une juste récompense pour ceux-là qui par delà les mers venaient tenter fortune. Pour les sacrifices consentis, un peu de bien justement acquis eût été chose raisonnable.

Sarrazin voulut faire à bon droit comme tout le monde et c'était assez naturel après une vie de dévouement aux misères et à la science, ne fût-ce que pour mettre sa famille à l'abri.

Sa première tentative se porta vers l'exploitation d'une importante ardoisière. L'essai était rationnel, tout devait le faire réussir. L'ardoise, largement utilisée pour les toitures, était un article d'importation difficile, et les couvertures en bardeau qui la remplaçait, devenaient une menace constante au cours des incendies si fréquents (1). Ces mines étaient donc partout très appréciées. On en faisait grand cas et dès le XVIIe siècle, on en avait trouvé près de Montréal d'aussi belles que celles déjà découvertes au voisinage de Québec ou ailleurs sur le grand fleuve (2).

C'est en 1728 au printemps que Sarrazin découvrit cette ardoisière (3), sur son fief du Grand-Étang. Les chanoines Hazeur y étaient tout aussi intéressés, et on voulut en tirer dès lors tout le parti possible. Avec un certain idéalisme, malgré les difficultés du temps, Sarrazin ne vit point les embarras d'une telle exploitation en ces parages. L'ardoise était

---

(1) Lettre de Beauharnois et Daigremont, 16 octobre 1728, citée par P.-G. Roy "Petites Choses de notre histoire". 2è série, page 39.

(2) Faillon "Histoire de la colonie française en Canada", vol. III.

(3) Mgr Laflamme, loc. cit.

là, il n'y avait en principe qu'à l'utiliser. L'administration elle-même s'y laisse prendre et sous le coup de l'enthousiasme, on voit bientôt en rêve tous les édifices recouverts de cette ardoise abondante sise à cents lieues de Québec sur le fleuve St-Laurent (1).

Pour bien s'assurer de sa valeur, l'ingénieur Chaussegros de Léry y enverra un "tireur d'ardoise" expert averti chargé de faire enquête sur les lieux, et il est décidé qu'on aidera à l'exploitation de cette entreprise particulière si nécessaire au pays. Les lettres officielles se succèdent, précisant, signalant les difficultés, suggérant des moyens, cherchant la manière. Les ouvriers sont exigeants (2), on combinera pour s'en passer. L'ardoise expérimentée et dont on a envoyé un échantillon fort apprécié en France, est de premier ordre. Sarrazin a la garantie qu'on n'usurpera pas son droit de propriété (3), mais qu'on l'aidera pour le bien général. Les ouvriers locaux ou du voisinage seront embauchés, l'intendant Hocquart rédigera même sur le sujet une ordonnance.

Le chanoine Hazeur de l'Orme, qui de loin à Bénevent surveille la chose, voudrait y voir son jeune frère consanguin capable de travailler sur place l'entreprise : " Il ferait bien de

______

(1) Lettre de Beauharnois et Daigremont déjà citée.
(2) Lettre de M. de Silly, P.-G. Roy " Petites choses de notre Histoire ", loc. cit.
(3) Idem.

travailler à avoir l'inspection sur notre carrière d'ardoise " (1)." L'affaire de l'ardoise dont
vous m'avez envoyé les marchés est très avan-
tageux pour nous et pour toute la colonie. Il
s'agit de la pousser vivement et de ne rien
épargner dans les commencements pour mettre
tout en train. Le ministre est très content que
nous fassions cette entreprise... " (2). Mais
tout ce que le ministre peut faire c'est de laisser passer des ouvriers sur les bateaux du roi
pour venir travailler, ce dont il avertit lui-même le gouverneur et l'intendant (3). Quelques
semaines plus tard, Sarrazin est mis au courant de la chose par monsieur de Maurepas
(4).

Les tireurs et fendeurs d'ardoise ne sont
pas gens du commun, le chanoine de l'Orme en
cherchait en vain jusqu'à Saumur. " C'est un
métier particulier qu'on ne veut montrer qu'à
ses enfants ", et malgré tous ses efforts, on uti-
lisa finalement la main-d'œuvre locale et ce
fut Jean-Baptiste Gatien qui reçut le contrôle de l'exploitation.

---

(1) Lettre du chanoine Hazeur, 1730. Bulletin des
Recherches Historiques XVI, pages 166 et suiv. **Mgr
Têtu.**

(2) Idem.

(3) Archives Publiques du Canada (Arch. Nationales. série B. vol. 54-1, page 244). Lettre du 21 mars
1730.

(4) Archives Publiques du Canada (Arch. Nationales, série B. vol. 54-2, page 399. Lettre à Sarrazin, 11
avril 1730.

Sans tenir compte de toutes ces difficultés, étant donné l'intérêt toujours porté aux travaux de Sarrazin, de quelque nature qu'ils soient, de l'ardoise lui est commandée pour le palais de l'intendant et les autres bâtiments du roi nonobstant son coût élevé. Aussi s'efforce-t-on d'en faire baisser les prix (1) et de le convaincre de pousser l'exploitation pour en fournir le public. On projette même d'en envoyer à l'île Royale et jusqu'en France (2).

Mais illusions perdues, l'ardoisière du Grand-Etang fut bientôt abandonnée. Elle ne fut de profit pour personne et on reconnut même qu'elle était de mauvaise qualité, donnait un grand déchet (3), et que le transport et les frais d'exploitation en haussaient le coût à tel point qu'on ne pouvait heureusement en tirer parti.

Sarrazin avait raté en bonne compagnie sa première entreprise industrielle. Il ne ferait pas mieux ailleurs.

Cherchant toujours fortune, il tenta également une exploitation de pêcherie et s'associa dans cette affaire à Robert Drouard, formant avec celui-ci une société au capital de treize mille livres dont il souscrit les deux tiers. Cet-

____

(1) Arch. Publiques du Canada, vol 55-2, page 529 et vol. 57-1, page 88. Lettres à Hocquart de 1731 et à Sarrazin de 1732.

(2) Idem, vol. 57-1, page 271. Lettre du 29 avril 1732.

(3) Note de Mgr Têtu, Bulletin des Recherches Historiques, loc. cit.

te tentative allait être plus néfaste encore.
car l'associé étant mort, la fortune de la descendance de Sarrazin allait sombrer en partie dans ce règlement. L'affaire Drouard se
compliquait en plus d'une ferme à Tadoussac,
—les entreprises du docteur se font vraiment
loin des centres,—dans laquelle la société
constituée avait un intérêt d'un quart dont
Sarrazin à lui seul prenait les trois quarts
(1).

A la mort de Drouard, Sarrazin avait fait
poser les scellés et exigé l'inventaire. Tout
ce qui restait en nature avait été remis à un
tiers, du consentement de l'intéressé et du tuteur de l'enfant mineur de Drouard. Le Séminaire étant partie dans l'affaire se disait
prêt à satisfaire Sarrazin sans procès, après
avoir exposé son attitude au sujet d'une ré-
clamation de dix mille quatre cents livres.
Un arrêt du Conseil Supérieur était interve-
nu en 1728. Mais ce n'était qu'un prélude et
une série de procès toujours néfastes, allait
suivre qui se terminaient en 1747 en faveur
de l'héritier Michel Drouard, les descendants
ayant à tout payer, réclamations et frais (2).

Après avoir beaucoup peiné, Sarrazin,
pourtant acquéreur de biens fonciers si éten-
dus, voyait s'écrouler ses espoirs et assistait

---

(1) Dossier Verreau, Comptes du Séminaire de Québec. Archives du Séminaire.
(2) Mgr Laflamme, loc. cit.

sur le déclin de sa vie à la faillite de toutes
ses entreprises, ce qui ajoutait à ses désillu-
sions. Ses ambitions les plus légitimes étaient
déçues et l'espoir de ses triomphes scientifiques s'effondrait en même temps que ses espérances financières.

Dès 1726, il laissait entrevoir combien il
avait espéré conquérir une plus large place à
l'Académie : " Il n'y a donc rien à faire pour
avoir quelque place à l'Académie et vous
avoue que n'en sachant pas bien le rit, je m'é-
tais toujours flatté que j'y trouverais quelques
coins avant que de mourir " (1).

Comme tous ceux qui vieillissent après une
vie bien remplie, il eût évidemment désiré terminer dans un milieu plus calme cette existence de labeur où s'étaient succédé les ennuis
sans grandes joies, et où il n'avait jamais
goûté de repos, les soucis familiaux s'ajoutant à l'effort poursuivi sans relâche.

Il restait le dernier survivant de sa famille.
En 1731 ses deux frères mouraient à Nuits
à quelques semaines d'intervalle. L'un, prêtre
vénéré, s'éteignait en odeur de sainteté, re-
gretté de tous, après de grandes souffrances et
une longue maladie qui pouvait faire prévoir
la chose (2). L'autre, procureur, disparaissait
subitement emporté par l'apoplexie.

---

(1) Lettre de Reims. Cf. Pièces justificatives.
(2) Lettre du chanoine Hazeur, 12 février 1731. Bulletin des Recherches Historiques XVI, page 173.

Seul sur la brèche, si loin du pays natal, au milieu de la lignée fondée en Nouvelle-France, Sarrazin atteignait le terme. Se dévouant jusqu'au bout, il contracta auprès des malades de l'Hôtel-Dieu, une fièvre maligne apportée par un des vaisseaux. Entré à l'hôpital le 6 septembre 1734, il mourait deux jours plus tard à l'âge de soixante-quinze ans. Il était inhumé le 9 dans le cimetière des pauvres, sans faste et sans éclat, comme il avait vécu.

Mais l'intérêt qu'il avait toujours suscité en haut lieu n'allait pas disparaître avec lui. On vante de toutes parts ses hautes connaissances et sa bonté, toutes les autorités font son éloge et les échos en atteindront plusieurs années après sa mort les voyageurs de passage et la postérité.

" L'Académie des Sciences avec laquelle il a été en correspondance pendant de longues années pour des recherches de botanique et d'anatomie, lui a donné souvent des preuves de son estime. Il a servi le roi dans les hôpitaux et à la suite des détachements pour la guerre avec un zèle et une application peu ordinaire. Ses bonnes qualités, ses mœurs irréprochables, l'ont fait aimer pendant qu'il a vécu en ce pays et regretter après sa mort plus que nous ne pouvons l'affirmer ". Ainsi s'exprimaient dans leur communiqué à la cour le gouverneur et l'intendant (1).

Et les témoins constants de son œuvre médicale, ces religieuses de l'Hôtel-Dieu qui oubliaient leur propre dévouement pour louanger autour d'elles, inscrivaient à leur tour au registre: " Il avait exercé son art en ce pays plus de quarante-cinq ans avec une rare charité, un parfait désintéressement, un succès extraordinaire, une adresse surprenante, une application sans égale pour toutes sortes de personnes, qui lui faisait faire avec joie et avec grâce tout ce qui dépendait de ses soins pour le soulagement des malades qu'il traitait " (2).

L'éloge ne peut être plus complet. Au mérite du savant s'associent la valeur du médecin et le témoignage plus grand encore rendu à sa vie morale et à sa grande bonté Ce taciturne, misanthrope et toujours pessimiste, réservait à la souffrance le trop-plein de son cœur et savait dépouiller son caractère auprès des malheureux qu'il cherchait à guérir. Médecin dans l'âme, malgré ses ambitions et malgré son esprit de recherche, qui souvent entraîne au scepticisme, il apportait à son sacerdoce les qualités essentielles de sympathie et d'amour qui le font grand entre tous.

------

(1) Québec en 1730, cité par Ahern, loc. cit.
(2) Registre mortuaire, Hôtel-Dieu, déjà cité par Ahern, loc. cit.

L'homme qui partait en laissant une œuvre
trop ignorée, léguait en plus à l'ancienne et à
la nouvelle patrie une descendance qui vit encore.

———————

CHAPITRE VIII

LA DESCENDANCE DE SARRAZIN

CHAPITRE VIII

LA DESCENDANCE DE SARRAZIN

Sarrazin avait eu sept enfants dont trois morts en bas âge. Quatre lui survivaient ainsi que leur mère.

Celle-ci âgée de quarante-deux ans à peine et sans fortune avait à subvenir à ses deux fils et à ses deux filles. L'un se trouvait depuis quelques années déjà à Paris où il faisait sa médecine. Dès 1732, il bénéficiait d'une gratification annuelle de quatre cents livres pour y poursuivre ses études, gratification accordée avec plaisir comme secours au père " persuadé qu'il l'engagerait à redoubler d'attention et de zèle pour travailler utilement pour la colonie" (1).

---

(1) Archives Publiques du Canada (Archives Nationales, série B. vol. 57-1, page 47) Lettre à Beauharnois et Hocquart, 1er avril 1732.

Joseph-Michel,—c'était le nom de cet aîné,— n'était âgé que de dix-sept ans en arrivant à Paris à l'automne de 1731 (1). Le père Bushler qui l'avait emmené le remettait entre les mains de son oncle le chanoine, après quelques péripéties dues à l'absence momentanée de celui-ci, hors de la capitale. Monsieur Hazeur s'était montré très heureux de le recevoir et de l'aider. C'était à vrai dire pour un jeune homme de cet âge un voyage peu banal et un changement de milieu dont on peut aujourd'hui difficilement se rendre compte. Si c'est encore de nos jours un grand pas que de passer du Québec civilisé au grand Paris moderne, il est difficile d'apprécier les impressions ressenties et l'ébahissement que dut être au XVIIIe siècle l'arrivée dans la ville lumière de ce jeune adolescent canadien, sortant toutefois de la meilleure bourgeoisie et ayant pu assister avant son départ aux grandes fêtes québecoises en l'honneur du Dauphin. Comme son père, le jeune Sarrazin avait manifesté l'intention d'embrasser la prêtrise. Il était question de se faire jésuite, et l'enfant avait poussé assez loin ses études au pays, bien qu'on ne retrouve pas sa trace sous ce rapport. Le chanoine lui fait refaire sa philosophie pour décrocher le titre de maître ès art à Paris; sa formation antérieure était

____

(1) Bulletin des Recherches Historiques XXVI, page 78.

donc amplement suffisante. Maurepas avait porté à quatre cent cinquante livres l'octroi accordé, comme le signale son oncle, en ajoutant que ses parents peuvent être tranquilles sur son compte (1).

On a bien l'intention d'en faire un parfait honnête homme au sens de l'époque et son travail est intense. Outre ses études philosophiques, le fils du savant déjà repris par l'atavisme paternel et sûr de sa voie maintenant, fait de l'anatomie. Une des grandes figures de l'époque l'initie à cet art et se montre très fière de son élève qu'il " propose en exemple " à ses condisciples. Le maître César Verdier, choisi par monsieur Hazeur de l'Orme, est en effet à cette heure dans toute sa gloire. Maître en chirurgie depuis quelques années seulement après avoir été élève de Montpellier, Verdier a été nommé aussitôt démonstrateur à l'école et a publié en 1725 un " Abrégé d'anatomie du corps humain " en deux volumes, ouvrage devenu classique par sa clarté et sa précision (1). Se rappelant au contact de cet homme distingué l'inlassable investigation biologique de son père dont il a été depuis l'enfance le témoin journalier, Joseph-Michel emploie ses loisirs à disséquer des têtes de mou-

----

(1) Lettre du Chanoine Hazeur, 23 février 1732. Bulletin des Recherches Historiques XXVI, page 78.

(2) Larousse Grand Dictionnaire universel du XIXe siècle.

ton (1). Et dans ce Paris où pourtant l'on s'amuse, il est édifiant de retrouver si jeune le fils du médecin colonial s'efforçant d'acquérir les connaissances élémentaires à sa formation de chercheur, lui premier boursier canadien à l'étranger.

On veut en fait " le rendre capable de remplir plus tard les charges de son père ". Il devra couvrir le vaste champ déblayé en Nouvelle-France par celui-ci. Aussi fera-t-il successivement de la botanique, sa médecine et son droit pour prendre à Reims le bonnet de docteur (2). Mais ce n'est pas en quelques années d'études spéciales et limitées qu'on réussit alors à se distinguer du commun. La science est moins étendue qu'aujourd'hui, mais les gens sont moins pressés. Il ne s'agit point d'acquérir à la hâte de vagues notions parées d'une technique imprécise, on se plie volontiers à toutes les disciplines susceptibles de former l'esprit, et dans ce désir de savoir on va de doctrine en doctrine, de science en science, de maître à maître, par amour de l'étude et pour devenir quelqu'un non seulement à la face des badauds, mais encore vis-à-vis de soi-même. Aussi lorsque le 22 septembre 1739, Joseph-Michel Sarrazin meurt en quatre jours de la petite vérole chez des amis, chez lesquels il est en vacances à la terre de

____

(1) Hazeur, lettre citée.
(2) Idem.

Goussonville, il n'a pas encore terminé sa formation poursuivie depuis huit ans avec acharnement. L'oncle en voyant s'écrouler ces premiers espoirs va jusqu'à dire de ce neveu dont
il était si fier : " Il avait tout l'esprit imaginable et passait ici pour un génie " (1).

Partout on avait accordé au fils la confiance
dont jouissait le père. Jugeant dès les débuts
qu'on ne pourrait trouver meilleur successeur
à Sarrazin pour remplir ses fonctions en Nouvelle-France, on ne cherchait point ailleurs et
peu de mois après la mort du père, c'est sur
lui qu'on levait les yeux. Non seulement on
continuait l'aide déjà accordée, mais grâce au
ministre, Sa Majesté donnait au fils et à la
mère une pension de huit cents livres attachée
à la place du médecin (2), dans l'espoir que
" le sieur Sarrazin en profitera pour se rendre
un jour aussi utile à la colonie que son père
l'a été ".

Sa jeune sœur Marie-Jeanne était morte à
Québec quelques années auparavant. Entrée
malade à l'Hôtel-Dieu au mois d'octobre, elle
décédait le 1er janvier 1737, à l'âge de dix-
neuf ans (3). De cette jeune fille on ne sait
rien. Tout au plus retrouve-t-on son nom,

<hr>

(1) Hazeur, lettre du 1er février 1740. Bulletin des
Recherches Historiques, XVI, page 261.
(2) Archives Publiques du Canada, source citée, vol.
63-1, page 59. Lettre à MM. Beauharnois et Hocquart,
12 avril 1735.
(3) Registre mortuaire de l'Hôtel-Dieu.

lorsqu'en 1730, elle agit comme marraine avec son frère Claude au baptême d'une sauvagesse panis appartenant à son père (1).

Après la mort de son beau-frère, le chanoine Thierry Hazeur était venu pendant un certain temps, bien que grand pénitencier, habiter chez sa sœur rue du Parloir. On mettait évidemment en commun tout ce dont on jouissait encore. Madame Sarrazin perdait avec son fils la pension dont on la gratifiait en vue du retour prochain du jeune médecin dans la colonie. Son frère allait tenter sans succès de lui obtenir une compensation. Ce n'est qu'à la mort de sa belle-mère, la seconde madame Hazeur, qu'on lui octroiera une faible rente de cent cinquante livres devenue vacante (2). Elle allait en jouir elle-même un an à peine. Au début d'avril 1743, elle s'éteignait à son tour âgée de cinquante et un ans et était inhumée avec son mari et sa fille dans ce même cimetière des pauvres à l'Hôtel-Dieu.

Un frère et une sœur allaient constituer toute la descendance du premier biologiste canadien et pendant que l'une s'ancrait au pays pour y maintenir la tradition, l'autre avait quitté la colonie avant la mort de sa mère pour reconstituer en France le chaînon brisé.

----

(1) Annales de l'Hôtel-Dieu.
(2) Archives Publiques du Canada (Archives Nationales, série B. vol. 74-2, page 322). Lettre à messieurs Beauharnois et Hocquart, 20 avril 1742.

Ce second fils né en 1722, avait étudié au Séminaire de Québec entre 1732 et 1740. Comme son père et son frère aîné, il avait songé à l'état ecclésiastique et avait même porté l'habit pendant un an. Pour celui-là on ne songe plus à la carrière médicale; c'est au génie et aux armes qu'on le destine. Il y remportera tous les succès. A dix-huit ans, son oncle de l'Orme à Paris s'intéresse à son sort et veut le voir à ses côtés. S'il pouvait prendre au Canada, grâce à monsieur de Beauharnois le grade de " cadet à l'aiguillette ", ce sera autant d'acquis. A son arrivée, il deviendrait enseigne et pourrait ensuite passer en Amérique et trouver au Mississipi une situation dans le génie (1).

Claude-Michel entra en France en 1741. L'oncle prévoyant, absent dans le Berry a vu à ce qu'un ami drapier à l'enseigne de la *Croix de fer* rue St-Denis l'hébergeât chez lui jusqu'à son retour.

Sarrazin ne tarda pas à quitter la soutane pour étudier le génie et l'artillerie. Il demeure chez son parent et s'est déjà attiré les attentions de Maurepas. C'est un enfant plein de bonne volonté, très sage et travailleur. Rempli d'attention pour son protecteur, il lui donne tous les soins possibles. Il réussit très bien dans ses études et l'oncle et le neveu vi-

____

(1) Lettre du chanoine Hazeur. Dossier Verreau. Archives du Séminaire de Québec, mai 1740.

vent en parfaite intelligence évidemment très
épris l'un de l'autre (1). Comme son père, il
est aimé de tous ceux qui l'approchent et jeune provincial il s'est adapté à sa vie nouvelle,
sans en abuser, mais en sachant acquérir toutefois la tenue mondaine nécessaire dans ce
nouveau milieu.

Il prépare sa future carrière, indécis encore sur l'endroit où il pourra l'exercer, mais
apparemment dans le but de revenir au Canada, pays cher à ses rêves et dont il a la nos-
talgie (2). On n'avance pas très vite dans
le génie et les armes, et le nouveau venu
doit malgré tout avoir à surmonter bien des
obstacles. En 1765 il n'a pas encore de situation, on l'a mis cependant au travail et ce premier essai est un plan de la ville de Luxem-
bourg. Monsieur Hazeur avoue trouver la
charge lourde et ne peut plus y suffire. Il réclame de l'argent pour Claude-Michel dans
cette succession maintenant ouverte mais pas
aussi considérable qu'on pourrait le croire et
dont le règlement est compliqué par les procès en cours (3).

Les relations ne sont pas très suivies entre
le frère et la sœur, au point que celle-ci après
son mariage, se demande s'il n'est pas mort.

----

(1) Lettres du Chanoine Hazeur, 1er mai 1742, 4
mars 1743, 14 mai 1743.
(2) Idem, 14 mai 1743.
(3) Lettre du 17 août 1745 et 24 mars 1748, Chanoine Hazeur.

La perte du procès Drouard a déclenché la ca-
tastrophe, il va falloir réaliser le nécessaire
pour en couvrir les frais. Le chanoine de l'Orme envisage nettement la situation et habitué
aux affaires, il croit devoir conseiller la vente
de la maison de Sarrazin dont on devrait réaliser une quinzaine de mille livres, la moitié
de ce qu'elle a coûté. Il ne restera plus que la
terre de St-Jean et St-François (1), ce grand
fief dont Sarrazin s'était porté acquéreur à si
bon compte, près de quarante ans auparavant.
Cette seigneurie est maintenant louée à ferme
au mari de sa nièce (2), qui jusqu'ici a bénéficié de la fortune de sa femme. Les deux
tiers en reviennent à Claude et il ne faudrait
point songer à la morceler. Le sujet deviendra de plus en plus brûlant pour se terminer
au détriment de tous.

Pour l'instant notre ingénieur revient sain et
sauf de la campagne de Flandre. Sous les ordres de Lowendhal, il avait participé au fameux
siège de Berg-op-zoom, la vieille place forte
de Hollande. Il était de ceux qui préparaient
les brèches aux impétueux vainqueurs réso-
lus de s'emparer de la ville à l'étonnement de
tous les alliés. Il est de ceux qui montent les
tranchées et pénètrent dans la citadelle où il
participe à cette victoire dont Voltaire a si
bien décrit les péripéties diverses. Aussi le re-

---

(1) Chanoine Hazeur, lettre du 24 mars.
(2) Ahern, loc. cit. page 502, lettre de **Claude Sarrazin.**

tour est-il triomphal ! On le reçoit à la cour, il est doté d'une gratification, chargé de travailler aux fortifications de Thionville, reçoit le grade de lieutenant réformé, alors que Maurepas décide de le faire servir en France (1). Le chemin est ouvert, la carrière se dessine, Claude-Michel Sarrazin ne retournera pas en Amérique, à vingt-cinq ans sa destinée était tracée.

En 1751 il épousait à Paris, Catherine-Marie de Monceaux (2), chose curieuse elle-même en relation avec le Canada français. Elle était en effet la nièce par sa mère de monsieur Duchesnay seigneur de Beauport (3). Les Français du Canada et les Canadiens revenus en France se retrouvaient dans les mêmes groupes sociaux et les relations étaient étroites entre les familles dont certains membres avaient habité la colonie. Claude Sarrazin de ce fait gardait au pays un double contact. Il allait laisser en France une descendance. Sa fille, en effet, Catherine Sarrazin de l'Etang, épousait à son tour à Paris en 1799, Edmé Louis Girault d'Avrainville (4), dont le petit-fils avocat à la cour reprenait contact un siècle plus tard avec la branche canadienne.

---

(1) Lettre de Hazeur, 24 mars 1748.
(2) Lettre de monsieur Girault d'Avrainville au docteur J. DeVarennes de Québec, 14 décembre 1906.
(3) Ahern, loc. cit. page 504.
(4) Lettre de M. d'Avrainville.

Claude-Michel mourut à Paris en 1809 (1).

Charlotte-Louise-Angélique, sa sœur, de cinq ans plus jeune, restait seule à Québec après la mort de sa mère. Elle n'avait que seize ans lorsque son protecteur le chanoine Thierry devint son tuteur. Sa mère avait déjà refusé trois partis jugés trop pauvres pour cette enfant dont la dot est par trop compromise, mais dont la vie doit se maintenir sur un pied convenable (2). On la dit avoir beaucoup d'esprit et être avancée pour son âge (3).

Trois ans plus tard, elle épousait à Ste-Foy, Jean-Hippolyte Gauthier de Varennes de dix ans plus vieux qu'elle, enseigne en pied dans les troupes de la marine, mariage où figuraient un chevalier de St-Louis, Gaspard Adhémar de Lantagnac, le lieutenant Pierre de la Vérendrye et Ignace Aubert de Gaspé (4). Après certaines hésitations, que semblent justifier quelques malentendus avec sa sœur, lorsqu'il avait habité chez elle, le chanoine tuteur, sur le conseil de son frère (5), vint habiter avec les nouveaux époux la terre St-Jean. Son séjour devait y être de courte durée, car dès l'année suivante, monsieur de

______

(1) Tableau généalogique fourni par M. d'Avrainville, publié par l'abbé I. Caron, Bulletin des Recherches Historiques, 1920, page 84.
(2) Hazeur, lettre 14 mai 1743. Dossier Verreau, Archives du Séminaire.
(3) Idem, 4 mars 1743.
(4) Abbé I. Caron, loc. cit.
(5) Lettre Hazeur citée.

Varennes lui intentait un procès en reddition
de comptes de tutelle. C'est le début des pour-
parlers et de la mésentente. De Varennes
songe à quitter l'armée et c'est l'avis de sa
femme, et finalement va résider à Montréal. Il
devait se distinguer plus tard à la bataille des
Plaines d'Abraham et s'installer définitivement à Varennes où le manoir seigneurial
avait été brûlé par les troupes de Murray (1).

Passant en France en 1761, il périt lors du
naufrage de l'*Auguste,* laissant au pays sa
femme et quatre survivants à une famille de
huit, trois fils et une fille (2). Bientôt ruinée
par la saisie de la seigneurie de Varennes dont
elle avait hérité en partie, Madame de Varennes rejoignit, à l'Ancienne-Lorette, ses fils
chez lesquels elle décédait subitement le 16
juillet 1793 (3).

Deux de ses fils allaient devenir les ancêtres d'une grande famille qui continue de per-
pétuer au pays l'honorable tradition des deux
souches dont ils descendent. L'un de ces descendants à l'heure actuelle, retrouvant l'atavisme légué par l'aïeul, a repris à Québec la
pratique de la médecine, un autre fut membre
du Conseil législatif de la Province et donna
un fils à la France en 1914, alors que ses filles
héritières de " l'esprit et de la culture " de
Charlotte-Louise-Angélique perpétuent la li-

____

(1) Abbé Caron, loc. cit.
(2) Idem.
(3) Idem.

gnée dans la meilleure société québecoise. Si
le nom de Sarrazin s'est caché dans l'histoire,
ses descendants au pays sont encore très nombreux.

Mais la belle terre de St-Jean est depuis
longtemps morcelée. Dès 1757, monsieur de
Varennes en avait cédé ses droits à Jacques-
Cartier Langevin pour le prix de onze mille
livres (1), peut-être pour solder sa dette envers son beau-frère Claude à qui il n'avait encore rien fourni des fermages depuis son mariage. Au mois d'août de la même année, Sarrazin faisait effectuer le partage entre ce qui
revenait au sieur Langevin et sa part évaluée
aux deux tiers. Dans une longue lettre à la
supérieure de l'Hôtel-Dieu qui lui servait d'in-
termédiaire, étant débiteur de la communauté
et se rappelant avec émotion " les bontés infi-
nies que vous avez eues pour toute ma famille
et l'amitié dont vous honoriez feu mon père ",
il détaille tous ses griefs envers son beau-frère et sa sœur et énumère tout ce qui lui est
dû. Il charge même la supérieure de lui trouver un procureur pour exécuter ses ordres et
régler avec elle (2).

Sa situation nouvelle exige en effet qu'il
mette ordre à ses affaires et fasse entrer ses
capitaux. Il est marié, peut avoir des enfants

______

(1) L'abbé Caron, loc. cit.
(2) Lettre de Claude Sarrazin, mars 1757, Archives
de l'Hôtel-Dieu, déjà citée par Ahern, loc. cit.

et il ne serait pas juste de ne plus prévoir. De plus les mêmes questions se soulèvent du côté de sa femme vis-à-vis de son oncle Duchesnay et dans cette situation complexe, Sarrazin cherche à obtenir justice. Le montant en vaut la peine en lui-même. Non seulement la propriété doit avoir une grande valeur, mais un inventaire détaillé indique tout ce qui se trouvait sur la terre lorsque le sieur de Varennes la prit à bail. L'énumération du tout est imposante. De l'habitation à l'étable, on retrouve ce qui constituait le matériel de la ferme tant en meubles qu'en ustensiles, outils, argenterie, machines agricoles, attelages et animaux (1). Encore faut-il mentionner de plus, derniers vestiges de la profession et du travail paternels perdus dans cet héritage mobilier, " deux lancettes d'écaille garnies en argent, vingt-quatre outils d'acier pour chirurgien, une trousse contenant des outils garnis d'argent, deux portefeuilles en marocain et cinq tomes du Dictionnaire de Moreri ". Voilà ce qui restait de l'effort du père, les témoins et les aides de sa recherche et de sa pratique médicale. Et tout à côté les bijoux " contenus dans un petit coffret de velours bleu ", une croix d'or et de diamants de grand prix, des

-----

(1) Cf. Pièces justificatives pour cet inventaire déjà publié par Ahern, mais dont la teneur est intéressante au point de vue de l'organisation matérielle d'une famille bourgeoise.

bagues serties de pierres, de l'argenterie fine, reliques de la mère, que la soeur paraît-il s'était appropriées " mal à propos " (1).

Et c'est tout cela qu'il fallait vendre et disperser après les terres. Claude Sarrazin eût voulu que les religieuses de l'Hôtel-Dieu acquissent elles-mêmes le grand fief et il leur eût fait des conditions faciles, assuré que c'était là moyen sûr de ne pas être frustré dans son bien, lui qui avait à régler de si loin ces affaires capitales. Il n'en fut rien cependant et le 8 mai 1758 ses trois cent dix-huit arpents de terre et le fief St-Jean étaient cédés, pour la modique somme de neuf mille livres, à Charles Turpin, marchand coiffeur (2).

La descendance se perpétuait ici et là-bas, mais de toutes ces choses, qui elles aussi vivent et parlent, rien ne persisterait. Dans le démembrement de ce que Sarrazin avait accumulé, dans la dispersion de ce qui avait servi à son oeuvre, se trouvait englouti le souvenir attaché à tous les riens de la famille, à toutes les vieilleries qui s'entassent aux greniers et au fond des vieux tiroirs. Et peut-être les deux portefeuilles en marocain recélaient-ils encore, sans qu'on les ait jamais consultés et fouillés, des documents aujourd'hui susceptibles d'éclairer d'un nouveau jour l'histoire et

____

(1) Archives de l'Hôtel-Dieu, loc. cit. déjà citée par Ahern.
(2) Abbé Caron, loc. cit.

les travaux d'une des plus grandes, même de
la plus grande à date des figures médicales du
Canada. Celle qui, par sa personnalité, l'a-
bondance de son oeuvre, l'influence exercée,
reste le prototype des premiers débuts de la
science médicale canadienne et l'initiatrice de
la biologie au pays.

———

CHAPITRE IX

LES SUCCESSEURS DE SARRAZIN

CHAPITRE IX

LES SUCCESSEURS DE SARRAZIN

APERÇU DE L'HISTOIRE DE LA MÉDECINE CANADIENNE-FRANÇAISE

L'attente d'un successeur. — Le sieur Sylvain. — Gaultier continue l'œuvre. — Les médecins à la conquête. — Médecins militaires. — Arnoulx et Badelart.— Lathan et Oliva. — La médecine nouvelle. — Organisation de la profession. — Les Ecoles et les Universités. — La formation de praticiens. — L'avenir de la science et de la médecine canadienne-française. — Sarrazin modèle à imiter.

La colonie avait perdu beaucoup à la mort de Sarrazin et de toutes parts, c'est le cri d'appel pour un successeur digne de lui. Malgré le grand nombre de confrères, aucun n'exerçait son prestige, aucun n'avait sa compétence et personne ne réussissait comme lui à s'attirer la confiance des autorités, des organisations hospitalières et du public. Il laissait tous et chacun "à la mercy de quelques chirurgiens qui ne scavent que penser des playes " (1).

Malgré tous les efforts, le Canada restera pendant des années assez dépourvu de ce côté. Ce n'est pas que plusieurs n'eussent l'ambition de recueillir la succession professionnelle de Sarrazin et les gratifications diverses qu'elle comportait. Les compétences ne manquent jamais lorsqu'il s'agit seulement de succéder à un prédécesseur qui a eu la bonne grâce de laisser le champ libre ; toutes les administrations de tous les pays savent à quoi s'en tenir sur ce point où comme sur bien d'autres les choses n'ont guère changé depuis la création.

Un des premiers à entrer en lice fut ce sieur Sylvain pratiquant à Montréal sous les ordres de Sarrazin, devant qui il avait dû au préalable établir sa compétence. Sarrazin était à peine mort que Timothée Sylvain passait en France la même année. Malgré son caractère difficile, particulièrement violent et les nombreuses mésententes aves ses confrères, il croyait pouvoir bénéficier de ses relations de famille pour surmonter les obstacles. Il avait épousé en effet Marie Gauthier de Varennes, mère de la Vénérable soeur d'Youville et la famille de Varennes lui avait déjà obtenu sa na-

<hr>

(1) Mère Duplessis de Ste-Hélène à Mme Hecquet. Revue Canadienne 1875. page 191. cité par Ahern, loc. cit.

turalisation (1). Sylvain avait compté sans
monsieur de Beauharnois qui ne lui était aucunement favorable et fut loin de l'aider auprès du ministre. Cette intervention et la
présence du fils de Sarrazin à Paris, décida de
la chose et ce dernier reçut la promesse de
remplacer son père dès qu'il aurait terminé sa
médecine. Après la mort du fils, le sieur Sylvain prend le titre de médecin du roi en 1741
(2). Ce titre est-il officiel? La chose est
douteuse, car la même année la cour nommait
Jean-François Gaulthier médecin du roi pour
le Canada (3).

Gaulthier ne rejoignit son poste que l'année suivante et l'interrègne avait en somme
été de sept ans pendant lesquels aucune figure
n'avait exercé brillamment.

Le chirurgien de la Croix était cependant
venu pratiquer à Québec vers 1735, pour recueillir l'héritage du disparu. Il avait jusque
là résidé à St-Thomas-de-Montmagny et comme Sarrazin s'intéressait aux sciences naturelles, herborisant pour le Jardin du roi où il
fait parvenir à deux reprises (4) des caisses

---

(1) Bulletin des Recherches Historiques, VII, 25-26.

(2) Rapport de l'Archiviste de la Province de Québec, 1922-1923. "Les chirurgiens médecins etc. de
Montréal sous le régime français", par M. E.-Z. Massi-
cotte, page 141.

(3) P.-G. Roy, Histoire du Notariat au Canada, vol. I.

(4) Lettre de Hocquart au ministre, citée par l'abbé
Gosselin. "Québec en 1730".

de plantes recueillies par lui. Il ne laisse guère de traces au point de vue médical

A côté de Gaulthier, on retrouve encore François Lajus dont le père avait été major des médecins à Québec et qui à son tour exerçait la profession comme l'un des premiers médecins nés au pays. Il se signale parmi les praticiens en vue du début de la conquête et l'on retrouve son nom avec celui du docteur Oliva au nombre des examinateurs du premier bureau médical en 1789 (1).

Mais la grande figure dominant la scène après la mort de Sarrazin et jusqu'à la cession, c'est celle de Gaulthier. C'est de Normandie cette fois que nous venait cet autre chercheur. Il s'était préparé à ses nouvelles fonctions par des études poursuivies dans les hôpitaux de Paris, avant son départ, et dès son arrivée à Québec, il suit les cours de droit professés depuis une dizaine d'années par le procureur général Verrier (2). Cette formation légale spéciale va lui permettre de devenir conseiller au Conseil Supérieur où il est même assesseur en 1749 (3). L'année suivante, il devient correspondant de l'Académie des Sciences. C'est à Duhamel-Dumonceau qu'il est attaché.

Duhamel inspecteur général de la Marine, était tout indiqué pour s'intéresser au savant

____

(1) Ahern, loc. cit.
(2) Idem.
(3) Idem.

canadien. Élève du Muséum, ses recherches
sur le safran et sa découverte de l'oïdium lui
avaient ouvert les portes de l'Académie en
1728. Sa situation au département de la Marine dont relevait la colonie, la nature de ses
recherches sur la botanique et les efforts de
naturalisation des plantes qu'il poursuivait,
ses travaux météorologiques et leur portée
pratique (1), devaient lui faire rechercher les
observations fournies sur ces sujets par un
homme tel que Gaulthier.

Aussi est-ce sur son indication que Gaulthier commença dès son arrivée un journal des
observations météorologiques locales calqué
sur celui que le maître rédigeait à Péthiviers
depuis 1740. A ce travail il devait joindre encore tout ce qui pouvait être noté sur les sciences naturelles et la constitution sanitaire du
pays, sujet particulièrement attrayant pour
Duhamel, étant donné l'ouvrage publié par
lui sur la santé des marins.

C'était une orientation nouvelle indiquée au
chercheur, orientation susceptible de permettre des digressions intéressantes superposables parfois aux observations d'Hippocrate
dans le traité " des airs, des eaux et des lieux "
ou plus près de lui aux importantes constatations de Sydenham sur les rapports du climat
aux maladies régnantes.

---

(1) Larousse Grand Dictionnaire universel du XIXè
siècle.

Ses travaux botaniques furent aussi d'importance. Comme Sarrazin, il laissa son nom à une plante le thé du Canada baptisé du nom de "Gaultheria" à la suite de ses communications. Il reprit certaines études de son prédécesseur, telle celle sur le sucre d'érable (1), qui fut publiée dans les mémoires de l'Académie.

La présence au pays du marquis de la Galissonière, associé libre de l'Académie des Sciences (2), favorisait plus que jamais la recherche scientifique en Nouvelle-France, étant donné l'intérêt tout spécial témoigné par le gouverneur lui-même. Ami de Gaulthier avec lequel il signe certains rapports, il lui avait fait préparer un mémoire fournissant à tous les techniques à suivre pour recueillir les échantillons zoologiques, botaniques ou minéraux susceptibles d'utilité au point de vue scientifique ou matériel. Cette propagande d'un nouveau genre était nécessairement de nature à développer la curiosité chez le colon, qu'il fût homme de guerre, ecclésiastique, médecin, commerçant ou paysan. Et Kalm passant au pays et jugeant de la situation, ne craint pas de faire cette remarque: " J'ai trouvé que les gens de distinction, en général ici, ont bien plus de goût pour l'histoire naturelle et les lettres que dans les colonies anglaises où

____

(1) Ahern, loc. cit.
(2) Mgr Laflamme, loc. cit.

l'unique préoccupation de chacun semble être
de faire une fortune rapide, tandis que les
sciences sont tenues dans un mépris universel '' (1). Gardons-nous en évoluant trop vers
la gauche de faire mentir de plus en plus les
remarques du naturaliste suédois qui sont
alors tout à l'honneur de la colonie française.

Kalm avait rencontré Gaulthier à Québec,
il avait même herborisé en sa compagnie au
voisinage et visité la ville et ses environs (2).

Gaulthier était médecin du Séminaire et de
l'Hôtel-Dieu où on le tenait en haute estime.
Il s'était en somme superposé en tout à Sarrazin le précurseur. Il n'apparaît pas cependant
qu'il ait eu son envergure, bien qu'on puisse
le considérer comme un digne successeur.
Comme lui, toujours, il mourut d'une épidémie
apportée par un vaisseau en 1756 peu de
temps avant la conquête.

Pouvoir dans un aussi jeune pays associer
deux noms de cette importance dans les conditions pénibles où l'on y vivait, est déjà fort
convenable et la transition s'annonçait heureuse entre nos débuts arides et l'époque moderne.
Nous allions peut-être avoir notre part de
ces savants naturalistes dont plusieurs par
leurs travaux entrent si largement dans les
cadres de l'histoire de la médecine et dont
l'importante lignée vient s'ajouter bientôt aux

<hr>

(1) Voyage de Kalm, déjà cité par Ahern.
(2) Ahern, loc. cit.

grands noms des Morgagni, des Malpighi, des Bichat et des Laennec (1) pour ne parler que des médecins.

La fortune politique allait en décider autrement et faire céder le pas à cette science essentiellement française. Perdant contact avec la mère patrie pendant plusieurs années, se maintenant par l'effort tenace du peuple qui veut vivre, il ne pouvait se faire que l'élément intellectuel fût à la hauteur vers ses destinées scientifiques. La profession cependant va persister; le patron se crée pour former au mieux les nouveaux médecins de tous grades qui iront faisant leur œuvre de miséricorde, se rompant à la clinique journalière et continuant les secours à une population profondément touchée (2).

Ils ne seront souvent, par les champs et les monts, que les continuateurs de nos premiers guérisseurs, dont la formation élémentaire n'a guère progressé et qui n'ont acquis là-bas, ou très souvent ici même, que les rudiments de l'art médico-chirurgical. A ceux-là se mêlent les " fraters ", dont parle de Gaspé, successeurs des frères Boispineau et de leurs collègues, nouveaux périodeutes au nouveau monde.

---

(1) Discours prononcé au VIIIè Congrès des Médecins de langue française, 10 septembre 1924.
(2) Idem.

Puis ce sont les médecins militaires de l'armée
de Montcalm, dont Arnoulx établi depuis une
dizaine d'années dans la colonie où il exerce à
Québec à côté de Gaulthier et avec autant de
réputation. Durant la guerre il suit constamment les armées et meurt à Montréal peu après
la conquête (1) sans pouvoir continuer la tradition léguée par ses prédécesseurs. C'est surtout Badelart aide-major des armées du roi,
fait prisonnier à la bataille des Plaines d'A-
braham et devenant fonctionnaire du nouveau
régime comme chirurgien de la garnison de
Québec (2). Badelart peut être considéré à
certains titres comme un précurseur en médecine moderne. Il fut en effet chargé par le
gouverneur Carleton d'une enquête sur la maladie de la Baie-St-Paul au sujet de laquelle il
rédigea un important rapport. C'était au pays
la première manifestation d'organisation sanitaire et la première campagne d'éducation
et de lutte contre un fléau social. Il est même
intéressant de constater combien les pouvoirs
se préoccupèrent de cette lutte anti-vénérienne,
puisque dans un mandement de l'évêque de
Québec, Monseigneur Briand, il est fait allusion au concours que doivent prêter les ecclésiastiques dans cette organisation si moderne (3). Le travail de ce médecin distingué éta-

------

(1) Ahern, loc. cit.
(2) Idem.
(3) Idem.

blit sa valeur et constitue une transition heureuse dans l'histoire médicale entre l'ancien et le nouveau régime. Badelart allait mourir au début du XIX{^e} siècle.

D'autres figures encore appartenant à d'autres groupements et d'autres origines apportaient dès lors à la médecine canadienne, une mentalité et des méthodes de nouveau caractère. Au mouvement médical français allaient s'adjoindre les coutumes d'une école étrangère qui pourraient se confondre pour un temps avec les disciplines déjà établies, mais divergeraient un jour pour permettre plus tard à chaque entité de reprendre sa voie.

Parmi ces nouveaux venus de la médecine, nous ne citerons que deux noms au hasard entre ceux qui à Québec, à Montréal ou dans les bourgs exercent leur profession et introduisent de nouvelles données. Ils représentent deux types médicaux très ouverts aux nouvelles techniques difficiles à établir dans des milieux forcément épris de routine. Lathan et Oliva, chacun de leur côté, se livrent à la méthode déjà implantée en Angleterre de " l'inoculation " comme prévention de la variole. En attendant la vaccine, c'était apporter dans la colonie un moyen prophylactique nécessaire dans un pays où l'on sait tous les ravages occasionnés par cette maladie. Lathan médecin militaire ne néglige rien pour édifier par ce moyen sa réputation auprès de ses nouveaux clients.

Aussi dans la Gazette de Québec (1), devançant de longtemps le nouvel esprit de la profession, insiste-t-il longuement sur ses études spéciales et sa compétence à user d'une nouvelle technique dont les effets sont incontestables. Lathan est un devancier dans l'art de la réclame, ce qui ne lui enlève pas le mérite d'avoir introduit au pays une formule nouvelle tout aussi tôt qu'elle pénétra en Europe.

Plus simplement Oliva se livre aux mêmes pratiques à la campagne, et devançant Récamier et Brandt, il applique même à certains traitements l'usage du bain froid (1), non sans succès, au dire de ses clients auprès desquels il jouit d'une réputation considérable.

Voilà donc que grâce à quelques esprits plus osés, la pratique médicale va élargir ses cadres et emprunter aux données du jour les moyens déjà appliqués dans les milieux plus avancés. Ce sont là détails infimes sans doute, mais susceptibles de montrer que dès l'époque on a tendance à suivre la marée montante. Les distances s'abaissent qui séparaient l'ancien et le nouveau monde. Chez les voisins du sud l'organisation de l'enseignement médical était sur pied et le milieu canadien de langue anglaise allait à ce contact développer beaucoup plus rapidement sa formation scientifique. Les moyens à sa disposition et la situation que ses

(1) Ahern, loc. cit.
(2) De Gaspé, Mémoires.

éléments occupaient dès lors dans la colonie lui conféraient sur le groupe canadien-français des avantages incontestables.

La profession dans son ensemble s'était organisée par édit gouvernemental dès 1788 (1). De ce moment l'exercice n'en était plus libre au pays. En 1784 la chambre d'Assemblée avait ordonné à "tout médecin pratiquant de se présenter à l'examen ou de produire et faire enregistrer ses diplômes " (2). Lajus et Oliva sont de ceux qui font partie de ces premiers bureaux médicaux (3). C'était dorénavant une certaine garantie sinon de grand savoir du moins d'une compétence convenable. Ce tribunal se complétait en 1847 par la création du Collège des Médecins et Chirurgiens du Bas-Canada. L'administration professionnelle définitivement constituée, il faudrait maintenant prévoir à sa formation.

Les groupes se resserrent pour la lutte. L'esprit de survivance se dessine chez ceux qui sont restés les héritiers de la première mentalité implantée en terre d'Amérique. Après les luttes politiques, succédant à l'infortune sur les champs de bataille, on songe à reprendre pied dans tous les divers domaines et la race qui veut vivre centuple son effort. Les esprits se rassurent, s'affermissent. La for-

----

(1) Acte 28, Georges III, Ch. 8.
(2) Ahern, loc. cit. Pierre de Sales Laterrière, page 355.
(3) Idem.

mation première, fournie par de puissantes et sérieuses institutions scolaires, va donner des hommes et susciter l'idée. Bientôt vont naître les universités canadiennes-françaises et se créer les facultés de médecine comme suite à des Ecoles qui sont déjà en fonction.

Sorties de ces écoles, nécessitées par la nouvelle législation, ces facultés avaient uniquement pour orientation la formation du praticien. La préparation chez le patron s'effaçait en partie devant la constitution à Québec en 1847 de l'Ecole de Médecine incorporée de la cité de Québec, à Montréal de l'Ecole de Médecine et de Chirurgie en 1845 (1).

Les premiers professeurs de la faculté de Médecine de l'Université Laval furent choisis parmis ces maîtres, lors de la fondation en 1852 et lorsqu'en 1876 une succursale de Laval fut créée à Montréal, c'est l'Ecole de Médecine et de Chirugie qui en devint la faculté médicale en 1890 (2).

Tout ce rouage confirme la direction exclusivement professionnelle existante. Nos facultés avec les moyens à leur disposition, desservies par des maîtres dont la culture générale et les connaissances cliniques se maintenaient à la hauteur, cherchaient à fournir des

---

(1) Cf. G.-A. Marsan " Code des Médecins et Chirurgiens, 1920 ".

(2) Discours prononcé au VIIIè Congrès.

praticiens avertis, au fait des secrets de l'art
et rompus à une pratique éclairée (1).

Nous sommes loin des travaux de recherches de Sarrazin. Les nouveaux dirigeants de
la profession ont à faire face à des obligations
d'autre genre qui les détournent des sentiers
pourtant si largement déblayés par l'ancêtre.
Peut-être la destinée eût-elle été tout autre si
l'on avait à ce moment puisé aux sources fécondes de l'histoire locale. Dans le terre à terre de la vie journalière, la curiosité scientifique s'était émoussée et les difficultés diverses
allaient en empêcher le réveil dans tout un
élément de la population. Comme jadis au
Moyen âge, ce sont les éléments ecclésiastiques qui vont recueillir l'héritage et pendant
de nombreuses années, c'est chez eux seulement que l'on retrouvera les hommes portant
intérêt aux sciences naturelles comme à toutes
les sciences. Ils ont maintenu vivant le culte
de l'intellectualité, ils conserveront la flamme
vacillante allumée par Sarrazin dans le domaine biologique, par Gaulthier dans les sciences
physiques et c'est à cette flamme que viendront se réchauffer seulement les esprits nouveaux.

Les circonstances et le personnel ne permettaient pas de pouvoir plus. Les obligations de
ce premier corps enseignant fermaient le champ

---

(1) Discours prononcé au VIIIè Congrès.

à la science pure. Il ne faudrait pas croire cependant que l'enseignement ne fût à point et ne suivît pas à pas les données théoriques et cliniques des écoles modernes. Chaque professeur était allé puiser sa large part au foyer des écoles européennes et surtout de ces facultés françaises dont la clarté et la mesure assuraient la primauté clinique aux conceptions médicales naissantes. La formation scientifique secondaire, moins poussée, ne fournissait pas encore la base solide, indispensable au développement de la puissance de recherche (1).

Mais ces facultés méritantes auxquelles nous devons toute notre profession médicale en éveil, ont évolué jusqu'à nos jours. Avec les conceptions plus hardies de ce siècle, avec le développement plus complet des moyens matériels et la culture plus largement éclairée des esprits, avec le nombre croissant des sujets déjà plus propres, le réveil actif est venu à son heure (2). On ne pouvait en vérité l'espérer plus tôt après la faille et le glissement qui s'en était suivi.

Les universités ont bénéficié à leur tour de la générosité des gouvernements et du public. La mentalité se crée qui de plus en plus leur attirera des bienfaits indispensables à leur organisation matérielle et à leur complétion en

____

(1) Discours prononcé au VIIIè Congrès.
(2) Idem.

hommes. Naguère au temps de Sarrazin, il fallait tout de même au savant certaines gratifications, bien minimes il est vrai, mais qui ont grandi avec la complexité et les besoins de la vie moderne comme tout le reste de l'économie domestique et sociale. Même de ce point la mentalité reste à faire qui permette de retrouver des prédestinés dont les goûts assez modestes cadrent avec des revenus qui ne peuvent atteindre ceux des grands financiers ou même des praticiens en vogue et des spécialistes à réputation. Mais il faut aussi qu'on consente à leur donner le nécessaire.

Ce n'est pas là le seul et le premier obstacle à franchir. Avant de créer l'ouvrier, il faut encore créer le goût qui le dirige. Il faut que les générations montantes soient formées de telle sorte qu'elles acquièrent pour les sciences la curiosité déjà éveillée pour les lettres. Et pour cela, les écoles ne suffisent point, toute l'éducation de l'enfant doit y participer. C'est en développant son esprit d'observation, en attirant sans cesse son attention sur tous les faits merveilleux que la vie met journellement sous ses yeux et qui passent inaperçus, en aiguisant son appétit de savoir le mystère sans cesse renouvelé de la nature sous tous ses aspects biologiques, que l'on pourra y arriver.

La médecine clinique est à jour. Les organisations hospitalières, la vaste part qu'un

gouvernement éclairé a prise en ces dernières
années à tout ce qui peut toucher le côté social de la médecine ont aidé à compléter ce
qui constitue son art. La médecine scientifique est en voie d'organisation au point de vue
matériel. Des laboratoires s'ouvrent de toutes
parts. Mais malheureusement son personnel
reste trop restreint. C'est que pour se constituer, ce personnel a besoin de l'apport de toutes les sciences, car toutes se tiennent et tant
qu'elles n'ont pas évolué, tant qu'elles n'ont
pas atteint un certain développement, elles
n'ont guère progressé dans l'ensemble. Chaque
fois que l'une d'elles a pu déblayer un coin de
terrain, les autres s'en sont ressenties et de
l'essor général au XIXe siècle toutes ont bénéficié, la médecine plus encore que les autres.

La médecine biologique progressera au pays
du Canada français lorsque l'organisation
scientifique générale aura elle-même progressé et lorsque les couches nouvelles arriveront
à son étude déjà brisées aux disciplines spéciales, non seulement par l'étude des mathématiques et des sciences exactes, mais aussi par la
science expérimentale souvent plus alléchante
et toujours plus susceptible d'éveiller la curiosité indispensable à la recherche.

Des ancêtres, nous ne pouvons pas ne pas
avoir gardé un fonds qu'il suffit de travailler.
L'aventure qui guidait leurs pas et les pous-
sait à l'exploration et à la découverte dans la

forêt vierge, c'est du point de vue scientifique, la partie imaginative indispensable à la création de conceptions nouvelles. La curiosité qui chez eux avait suscité cet esprit d'aventure, c'est celle qu'il faut au chercheur. L'habileté et le doigté dont ils ont toujours fait preuve, c'est dans l'ordre technique, le garant de la manipulation expérimentale. La mentalité reste à former, c'est peut-être lorsqu'on le veut la part la plus facile à façonner en choisissant les contacts, les procédés et les maîtres. Et cette mentalité, il faut l'aller chercher encore dans l'étude de l'histoire des sciences, comme on trouve dans l'histoire des lettres et de la philosophie un grand apport à l'étude de la philosophie et des lettres.

Cessons de croire que nous n'avons pas de passé scientifique. La science canadienne-française existerait et serait à jour, si les circonstances lui avaient permis de continuer sa route dans la voie largement ouverte par Michel Sarrazin de l'Etang. Pourtant celui-là n'avait pas cherché et trouvé dans des conditions faciles. Pour réaliser son œuvre, c'est à lui seul qu'il sut faire appel. Après avoir acquis l'esprit nécessaire, les moyens à sa disposition lui suffirent pour laisser un héritage important. Le domaine est vaste encore, inépuisable, il reste à l'exploiter et c'est un guide comme Sarrazin qu'il faut suivre. Modèle lointain trop ignoré, en le rappelant à la jeu-

nesse du jour de plus en plus fière de la race
dont elle descend, on peut le citer en exemple
dans tous les domaines qu'il a touchés. Car
cet homme " triste et rêveur " sut égayer et
rendre supportable sa tristesse par le travail,
comme il vécut son rêve en réalisant sa large
part dans le champ à peine ouvert des sciences
biologiques. A une époque difficile il a fait
tout ce qu'il pouvait et il s'est donné à une
idée en même temps qu'il léguait son nom à
l'histoire.

Dans son discours à la Société Royale en
1882, Chauveau après avoir parlé de Sarrazin
et de Gaulthier ajoutait: " Il y avait ici une
activité intellectuelle qui se faisait jour de
mille manières et si elle n'a laissé de traces
écrites que dans un petit nombre d'ouvrages
imprimés en France et se vendant aujour-
d'hui au poids de l'or, elle n'en a pas moins
fait triompher la civilisation sur la barbarie ".

Maintenant que ce triomphe est réalisé,
maintenant que la race canadienne-française
a su maintenir sa place au soleil et agrandir
son patrimoine pour constituer dans la vaste
Amérique une entité ethnique, il importe qu'elle reprenne le travail ébauché et que derrière
Sarrazin, vienne s'aligner le défilé des savants
qui puissent faire figure dans le monde des
chercheurs modernes au même titre que nos
financiers, nos politiciens, nos légistes, nos

théologiens, nos historiens et nos littérateurs,
demain nos artistes nationaux.

DOCUMENTS

et

PIÈCES JUSTIFICATIVES

DOCUMENTS ET PIÈCES JUSTIFICATIVES

LETTRE DE SARRAZIN A M. L'ABBÉ BIGNON

(Pièces des Archives de l'Académie des Sciences, Paris)

5 novembre 1717.

Monsieur,

J'ai receus une lettre de monsieur labé Bignon qui me mande que messieurs de l'académie m'ont donné monsieur Réaumur pour correspondant. Comme je n'ai eu aucunes de ses nouvelles et que je ne sçai pas sa demeure, je prens la liberté d'adresser celle-cy pour lui à monsieur labé Bignon qui, je suis persuadé, le trouvera bon. Je lui ai cette année envoié un échantillon de la vache marine par un veau que jai disséqué qui étoit à moitié pouri. Je nai rien trouvé de particulier dans cet animal que larangement des vaisseaux du cœur. Encore ne saurois je rien dire de bien positif a cause de la pouriture. Jespère que ceux qui en font la pesche me forniront mieux cette année. En atandant je dissequerai le loup marin.

Il paroit icy une plante qu'on croit le geinseing de Tartarie ou de la Chine, que les sauvages ont trouvées et qu'ils ont données aux Jésuittes : ils en feront bien leurs comptes, et nous demeurerons dans la bache, du moins moi qu'il y a vingt ans qui suis botaniste et à qui malheureusement cette plante a échapé.

Jenvoie au Jardin roial des racines vivantes de geinseng. Je prie monsieur Vaillant de vous envoier des racines desséchées affin de vous rajeunir si vous est agé, et de bien soutenir votre jeunesse si vous est assez heureux de letre encor. J'ai lhonneur detre tres respectueusement, monsieur, votre tres humble et tres obeissant serviteur.

Sarrasin

A Quebec le 5 9bre 1717.

Ne soiez pas surpris, monsieur, si la lettre que jai lhoneur de vous ecrir est si déchirée. Je le suis moi meme au dela de l'imagination, par des maux de tete enragez. Depuis le 20 septembre jusquau vingtieme octobre jai toujours eu 80 malades nouvellement débarqué à voir, jai coupé une fistule de lanus a une dame, jai dissequé tant bien que mal le veau marin. En bon françois je n'en puis plus, sans le mal que les Jesuittes tacheront de me faire quoique je les serve gratis depuis trente ans et comme mes meilleurs amis. Cependant je ne dis mot en ce pays.

(Pièce des Archives du Séminaire de Québec, Fonds Verreau)

———

8 octobre 1718.

Monsieur,

Il y a un an que je receu de Monsieur l'abbé Bignon une patente de l'académis des Sciences par laquel il paroist qu'on y souhaitte que J'ay quelque correspondances avec vous pour les ouvrages auquel je peu m'appliquer dans ce pays, C'est bien de l'honneur, Monsieur, que l'on me fait et j'en ay toute la reconnaissance possible. L'année dernière, je n'avais qu'un morceau d'anatomie que j'envoyé à Monsieur l'abbé Bignon seulement pour lui faire connaitre que je ne manquais point d'occasion de m'occuper car cet ouvrage était des plus imparfaits faute de sujet suffisant pour en pouvoir venir à bout parce qu'on ne peut avoir cette animal que L'esté et qu'il estoit desja tout pourry quand je l'ay receu ; on m'a promis de me le rapporter l'année prochaine, nous verrons si les prometteurs tiendront leurs parolles, j'ay travaillé cette année sur le Loup Marin, je suis persuadé que Monsieur l'abbé Bignon à qui je l'envoye vous en fera part

———

(1) L'original de cette lettre n'indique pas à qui elle est adressée, mais en la comparant avec celle qui précède on peut conclure que c'est bien à Réaumur. Pièce fournie par Mgr Gosselin.

pour en faire tel rapport à l'Académie que
vous le jugerez à propos, surtout, Monsieur,
un peu d'égard pour un anatomiste rouillé, si
vous le traitez doucement il n'en travaillera
qu'avec plus de courage quoiqu'il soit souvent
accablé de malades et de maladie, j'ay l'honneur d'estre avec respect, monsieur, votre
très humble et très obéissant soumis serviteur,

SARRASIN

De québec ce 8 octobre 1718.

LETTRE DE SARRAZIN À M. DE RÉAUMUR (1)

(Pièce de la Bibliothèque de Reims, Manuscrit Tarbé
Carton XVI, p. 77)

Monsieur,

J'ai receus la lettre que vous m'avez fait
l'honneur de m'écrir. Il est vrai que j'ai receus une lettre de monsieur Disnard qui m'a
fait un vrai plaisir, car je ne comptois plus
avoir d'anciens amis à Paris. Je ne scais par
quels hazards, ses lettres, quoiqu'hazards fort
ordinaires en Canada, et les miennes ont été

---

(1) Comme pour la lettre précédente bien que celle-ci ne porte pas d'adresse, il est facile en comparant aux précédentes et suivantes de constater qu'elle est aussi écrite à M. de Réaumur. Cette pièce nous a été fournie par M. le Bibliothécaire de Reims qui insiste sur le français déplorable de Sarrazin.

perdues. Il m'a fait quelques questions concernant le rat musqué—scavoir de quel espèce
de jonc, il fait sa loge; j'aurai l'honneur de
l'assurer que les marais et les bords de nos rivières sont icy *comme en France garnis de
joncs* de quantité d'espèce, entre autres le Joneus maxime reflexo maior. Je n'ai jamais
cru que ce fut une circonstance nécessaire
dans le fait dont il s'agit: on aurait pu me demander aussi la description de touttes les espèces de bois dont le castor bâtit sa cabanne,
indifféremment de touttes les espèces de bois
qui sont aporté de l'endroit qu'il a choisi. Je
renvois le tout à l'année prochaine. Et s'il fallait satisfaire aux demandes que l'on me fait
pour les plantes qu'on me redemande pour le
Jardin roial etc., j'aurois plus de 200 lieues à
faire. Je ne scai si l'on croit qu'on herborise
en Canada comme en France. Je parcourerois
plus aisément toutte l'Europe, et avec moins
de danger que je ne ferois 100 lieues en Canada, et avec plus de péril. Vos messieurs, ou
plustost monsieur Vinslow que je n'ai point
l'honneur de connoitre, me fait plusieurs questions sur le rat musqué. Il n'est plus temps
d'y penser, il n'y a qu'à voir ce que j'ai dit des
parties naturelles de cet animal, et on verra
qu'il faut absolument touttes les saisons de
l'année pour l'observer, ce que je mande à
monsieur de Vinslow touchant la méchanique
du déplacement du testicule et de l'éloigne-

ment de l'épididime du testicule même, et sans aucun comerce de l'un à l'autre que le vaisseau de communication dont j'ai parlé. C'est icy où je pourois me plaindre sans cependant vouloir me plaindre de ce qu'on n'a pas examiné en France le rat domestique et le rat d'eau de la Seine. Il y en a et j'en ai tué en France peut-être m'auroit-on donné des lumières qui m'auroient conduit pour mieux connoitre ces parties.

Vous m'étonez, monsieur, de n'avoir pas connu parfaittement la pointe du piquant du porte epy car vous êtes muni de tous les moyens nécessaires, pour en venir aisément à bout, pour moi, qui suis en touttes manières du commun, je n'ai qu'une louppe qui n'est point bonne. En sorte qu'étant aussi gueux que je le suy je ne peux qu'avec peine me fournir des instrumens nécessaires pour démêler les parties qui peuvent échaper à la vuë. J'ai tant perdu et par les billets de banque et par l'incendie d'une maison qui me donnait 600 livres de rentes, que j'ai bien de la peine à vivre. Les paiements de ma gratification sont si retardez qu'il m'en est dû trois années, ce qui rend ma situation fort triste et fort dure. Si vous avez l'occasion, monsieur, d'en parler à monsieur l'abé Bignon, qui peut tout auprès du ministre, vous me rendrez de ces services, monsieur, qu'on peut apeler charité.

Monsieur Dupuis, médecin du roi à Rochefort, mon bon amy, m'a mandé que c'étoit à ces messieurs de l'Acaddémie de me faire payer de ma gratification, c'est pour cela même que j'ai mal fait d'avoir envoié ou donné ma procuration à monsieur Delorme mon beau-frère ; je croiois faire des merveilles en vous délivrant, monsieur, de la peine de vous en faire paier ; ce qui me chagrine encor, c'est qu'il est les trois quards de l'année à Bennevent qui est une abaïe du Chapitre de Québec, et qu'il ne sauroit profiter des bons moments où l'on païe au Trésor, si monsieur de Réaumur veut bien recevoir l'une de mes procurations, car je l'envois par duplicata et je prirai monsieur Delorme de la lui remettre pour dans son absence me faire le plaisir. Ce que vous apelé tracasserie, terme qui convient parfaittement à la conduite du chirurgien de notre hôpital qui ne vouloit point de subordination, est amoindry, fort humilié pour cela. Et pourquoi, pour avoir voulu trop s'élever et n'avoir pu soutenir la gajeure ; comme j'aime la paix, quelques cas épineux l'ont dérangé, plusieurs se sont plain avec moi, ce qui a fait venir quelques ordres qui l'ont mis à la raison, d'ailleurs ce que j'ai fais n'a été que pour le bien des malades.

Monsieur Redot a quité le bureau, et par conséquent les affaires du Canada. Je perdrai beaucoup par sa retraitte, parcequ'il avoit

beaucoup d'estime pour moi, c'est une endroit
où je n'ai plus de connoissance. Enfin, monsieur, il n'y a donc rien affaire pour avoir quelque espèce de place à l'Académie et vous
avoue que n'en sachant le rit, je m'étois toujours flaté que j'y trouveroi quelques coins
avant que de mourir.

J'ai oublié de vous dire, monsieur, que j'ai
encor examiné la pointe du piquans, il y a certainement quelque chose, et ce quelque chose
me paroit toujours une vis-enfin, ce que j'en
ai écry.

J'ai remarqué et tiens que quand le porte
épy est pris, il ne lance plus ses piquans, il ne
fait que s'aplatir contre terre, ce qu'il est bon
dire dans l'occasion et en avertir monsieur de
Fontenelle, monsieur l'abé Bignon. En me
parlant dudit animal, dit le porte apic sur lequel vous travaillé. Il n'est plus nécessaire
que j'y travaille. C'est un ouvrage fini à moins
qu'on ne croïe que j'ai manqué à quelque chose. Je crois qu'en voila assez ou plustot je
n'ai été que trop long. Continuez moi, monsieur, l'honneur de votre bienveillance, puisqu'il est très vrai que j'ai l'honneur d'être
avec tout l'attachement et l'estime parfaite,

Monsieur,

Votre très humble et très
obéissant serviteur,

SARRASIN

A Québec ce 10ème 8bre 1726.

Monsieur,

J'ai receus la lettre que vous m'avez fait l'honneur de m'écrir, comme aussy la louppe que vous avez bien voulu donner à monsieur Delorme mon beau-frère, qui me la fait tenir fidellement. Vous me flattez encor d'une seryngue à injection. Je le veux bien, monsieur; mais il faut absolument que vous en acceptiez le remboursement. Et je charge fort monsieur Delorme de vous le faire.

Vous me mandez, monsieur, que vous faites imprimer la description anatomique du rat musqué. Vous me permettrai, monsieur, de vous faire ressouvenir de la demande que monsieur de Vinslow ma faite, qui est de rendre raison de l'écartement de l'épididime et comment il se peut faire que la membrane adipeuse fasse fonction de muscle crémaster, sans néa-(n) moins y avoir reconnus aucunes fibres charnues. Je vous envois, monsieur, le nouveau travail que j'ai fais sur cet animal. Vous ver-

_____

(1) Cette lettre comme celle à l'abbé Bignon et les deux qui suivent nous ont été aimablement fournies par Monsieur Lacroix, Secrétaire perpétuel de l'Académie des Sciences qui nous a également fait connaître l'existence du catalogue écrit par de Jussieu possédé par le Muséum et dont on trouvera plus loin le document photographié.

rai que je néglige rien pour vous satisfaire, quoique je ne sois pas encor contant de mes recherches, et si j'ay examiné cet animal avec toutte l'atantion possible, parce que j'ai toujours crus qu'il en valoit bien la peine. Comme on ne fait pas en Canada tout ce que l'on veut, non plus qu'ailleurs, j'ai prié monsieur l'Intandant de me faire avoir des rats musquez. J'en ai eu moien quatre ou cinq ce printemps que j'ai préparé, et je lui ai fait voir l'écartement de l'épididime et la membrane adipeuse. Sa présence est d'un grand agrément pour moi, car du premier coup d'œil, il est au fait de tout ce qu'on veut lui faire connoitre; c'est d'ailleurs un excellent témoins pour moi, en sorte que ce que (je) sçai par moi-même cadre fort bien avec ce que vous m'en avez mandé, car il est universel.

Enfin monsieur l'Intendant a connu comme moi l'écartement de l'épididime, mais qui est bien plus étandu que je ne l'avois observé jusqu'alors. Car un certain corps que j'ai dis autrefois glanduleux (qui est apuié sur la membrane adipeuse, et qui descend le long du testicule vers ce que j'ai appelé d'abord epididime auquel il se joint) en fait partie. Car ce corps aussi bien que l'épididime d'opaque et de glanduleux qu'ils sont hors le temps du rhut, comme je l'ai déclaré devient dans le temps du rhut clair, transparens, et rempli de vaisseaux fort blancs, comme dans l'épididime même. Et c'est ce que nous avons découvert la louppe à la main, monsieur l'Intendant et moi. Ce fut même lui qui découvrit le premier ces vaisseaux, et qui sans un raion de soleil qui donna sur ces parties préparées dans ce moment, me seroit encor inconnu car des que le soleil nous quitoit, la loupe nous devenoit inutile.

Vous verrai le détail que je vous en fait et le jugement que j'en ai porté, que vous aprouverai si vous le jugez à propos.

Nonobstant la peine que j'ai eu jusqu'a present pour connoitre parfaittement le rat musqué, n'espérant presque plus de rien découvrir, j'y travaillerai encor quand ce ne seroit que pour ma propre satisfaction. Et si je trouve quelque chose de nouveau, je ne manquerai pas de vous en informer, car je ne m'en tiens pas quite.

Il y a deux ans que je parlé d'un animal qu'on apele *bête puante* en Canada; mais j'y ai renoncé, car il est d'une puanteur execrable, capable de faire deserter tout un canton, si vrai que quand un chien a receu l'élancement d'une eau qu'on croit son urine, il en meurt ou tout au moins il en est bien malade, et souvent on est obligé de le tuer. Il est *ex genere verminoso* (1).

Je viens au doute où vous est, monsieur, que porte-pic lance ses piquans, de captif ne les

______

(1) Faute pour **venenoso.** Note de M. Lacroix.

lance plus quand il est pris. Vous est bien persuadé, monsieur, que je ne saurois sçavoir le naturel des animaux que par les colonistes chasseurs et les naturels du pays. Je regarde comme une vérité authentique ce que j'en ai apris par les personnes que j'ai cité. Ne sçavons nous pas que le loup (qui est un animal fort féroce et fort dangereux) est sans deffense quand il est tombé dans une louvetiere. Le louvetier y descend, le bat, l'enmusèle, l'enchaisne, sans qu'il ose se déffendre. Il relève seulement les levres et montre les dents comme un chien qui n'est pas le plus fort ; et n'ose mordre ce qu'il feroit bien sil etoit libre. De la je tire une conséquence que le porte pic qui ne lance point ses piquans quand il est pris, les lance quand il est libre et qu'il est poursuivi.

J'ai encor examiné la structure de l'extrémité du piquans avec monsieur Dupuis, qui comme moi a trouvé la viz. Il semble que cette viz est entrecoupée et forme des rugositez qui representent une rape ou lime en queu de rat. Vous devez voir la même chose ; mais il faut faire cet examen au soleil. C'est de votre louppe que je me suis servis, qui est fort bonne. Ce que j'ai l'honneur de vous dire du rat musqué pour ce que j'ai nouvellement découvert, cest avec une louppe pareille à la votre que j'ai heureusement trouvée chez les Jésuittes sans m'engager, je vous dirai, monsieur,

que j'ai envie de revoir le castor cet hyver,
que je n'ai disséqué que le printemps. Je soup-
sonne cet animal d'avoir des changements comme le rat musqué. Je dis : sans m'engager,
parcequ'il n'est pas aisé davoir le castor dans
le commencement de lhyver, parcequ'on en
fait pas bien la chasse dans ce temps-la. Je
crois, monsieur, que voilà tout ce que je peut
vous ecrir a présent. Conservez moi, je vous
prie, l'honneur de votre estime et de votre
bienveillance. Jai lhonneur d'etre avec bien de
la reconnoissance et bien du respect, monsieur,
votre tres humble et tres obeissant serviteur,

SARRASIN

A Québec ce 10 8bre 1727.

LETTRE DE SARRAZIN A M. DE RÉAUMUR

(Pièce des Archives de l'Académie des Sciences, Paris)

Monsieur,

Voicy la seconde lettre que j'ai l'honneur de
vous écrir qui n'est cependant pas un duplicata de la première comme nous avons accoutu-
mé de le faire. Les vaisseaux restent si peu
de temps dans la rade de Québec, que nous
n'écrivons qu'avec une précipitation extraordinaire. Vous avez du recevoir, monsieur, les

parties naturelles du rat musqué dessinées tel
quel. L'ouvrier n'y entand rien du tout, et c'est
la première fois de sa vie qu'il a été assez hardy pour entreprendre de faire de si belles choses, et affin que vous le connoissiez, monsieur,
c'est moi-même. Voila une peinture de la facilité qu'il y a de faire quelque chose en Canada. Une preuve cependant que je crois l'idée
que je donne assez bonne pour servir à connoitre ce que j'ai écris, j'en envois une seconde, et l'une et l'autre par monsieur de Rochefort.

Je prends la liberté, monsieur, de vous
adresser une lettre pour monsieur de Vinslow.
Je vous l'envoi à cachet volant pour que, si
vous avez quelque raison de ne la pas donner,
vous ne le fassiez pas. Il faut que je vous
avoue bonnement pourquoi je prens ces mesures : c'est qu'on m'a mandé que la plus part
de ces messieurs de l'Académie avoit un fort
grand mépris pour les ouvrages de ceux qui
n'étoient point académiciens pensionnaires ; ou
autremens s'il y avoit quelques mesures à
prendre, vous m'obligeriez beaucoup de m'en
avertir. Du reste, je trouverai tres bon tout ce
que vous ferai.

J'ai l'honneur detre avec respect, monsieur,
votre tres humble et tres obeissant serviteur,

Sarrasin

A Quebec, ce 27 8bre 1727.

LETTRE DE SARRAZIN A M. DE RÉAUMUR

(Pièce des Archives de l'Académie des Sciences, Paris)

Q'importe à quel prix, monsieur, quand on obtient ce qu'on aime. Je vous avoue que j'étois inquiette de n'avoir aucunes de vos nouvelles et elle m'ont fait dautant plus de plaisir, que je desesperois d'an avoir. Je me plaignois, et je la plaignois (je veux dire votre lettre) de son mauvais sort, croiant qu'elle avoit celui du malheureux navire du roi qui a fait naufrage a neuf lieux de Québec. Il n'y a cependant presque que le roi qui a perdu son vaisseau, car tout le monde a été sauvé, et presqu'aussy toutes les marchandises. Mais en faut-il davantage pour nous rendre tout affait odieux dans l'esprit de la Cour, surtout dans celui d'un ministre, de qui les faveurs et le zèle pour cette malheureuse colonie devient inutile. Que n'a il pas perdu, le roi, par la perte entière du *Chameau;* que ne perd-il pas encor aujourd'hui par celle de l'*Elephant.* Ces mauvaises avantures dégoutent.

C'est le ton sur lequel on parle qui rend l'expression bonne ou mauvaise. Il est vrai, monsieur, que j'aurois souhaité que l'hystoire anatomique du rat musqué n'usse pas été imprimée, car ce que je vous ai envoié l'été dernier, suposé que vous l'aïez receu, étoit dans ce fait ce qu'il y avoit de plus curieux et de plus nécessaire à sçavoir, et il a falu disséquer un rat musqué vivant, comme je vous lai mandé, sans quoi je n'en serois jamais venus à mon honneur. Je dis, monsieur : suposez que vous laiez receus, car comme vous ne me dite pas positivement ce que vous avez receus, savoir que dans la lettre que j'avois l'honneur de vous écrir que vous y aviez trouvé, sçavoir un dessin qui representoit parfaittement la correspondance du testicule avec l'épididime, épididime d'ailleurs extraordinaire, puisque la semence sort d'une bube ou petite saillie qui sort de la partie moienne du testicule, qui est tournée du côté de l'anus et qui coule ou s'échappe par de petits vaisseaux qui s'avancent en forme de raion, et von joindre l'épididime tel que je l'ai decritte dans la lettre dans laquel étoit le dernier dessin que j'ai eu lhonneur de vous envoier, et qui partit d'icy au mois de juin 1728, l'année, grâce au Seigneur que monsieur Dupuis est retourné en France. Un de mes etonnemens, c'est de ce qu'il s'est humilié jusqu'au point d'avoir bien voulu vous écrir sur une matière qu'il n'a pu entandre qu'autant que je lui en ai donné l'intelligence. Je vous prie, monsieur, si jamais vous faittes réimprimer cette ouvrage, ne parlé non plus de lui que si je ne l'avois jamais vus. Je le supose que vous le fassiez réimprimer ; il ny a, monsieur, qu'à retrancher ce que j'ai dit du

vaisseau de communication et mettre à la place le dernier dessin que vous avez receus, qui
est tres fidel. Une remarque que vous pouvez
faire, monsieur, c'est ce que j'ai dis des vaisseaux sergmatiques (spermatiques) sçavoir
qu'ils s'échappent du testicule en l'ouvrant,
comme de la bouillie, ce qui doit faire sentir
que la semence est extremement coulante,
fluide et capable de sortir par voie de filtra-
tion à travers les membranes du testicule dont
la bube dont j'ai parlé est formée. Pour toucher au reste de l'ouvrage, tant pour la dic-
tion que pour les figures, je n'ai garde ; tout
y est si juste et si fidel que je ne le pourois
sans tout gater. Pour le castor, monsieur Dupuis me derouta entierement; ce dernier hyver, ce sont les maladies. Notre hyver a été
terrible aussy bien qu'en France. Il est cependant mort fort peu de monde du moins entre
mes mains ; mais surtout à Québec, les plure-
sies, les fluxs, le scorbut ont etez les maladies
dominantes et régnantes. Faittes écrir, je
vous prie à notre nouvel Intandant qu'il me
favorise de quelque grace pour mes recherches. Je veux dire, par ce mot de grace, qu'il
se serve de son authorité pour avoir les animaux sur lesquels je dois travailler, v. g. : le
castor; car pour de grace il ne faut plus en
espérer ; d'ailleurs *abscntibus ossa*. La Cour
est la maitresse, elle s'ennuie quand il lui plait,

et un pauvre diable comme moi travaille jusqua la mort.

En voila, monsieur, assez long pour vous
ennuier. Continuez moi, je vous prie, l'honneur de votre estime et vos bienveillances.
J'ai celui detre tres parfaittement et avec respect, monsieur, votre tres humble et tres
obeissant serviteur.

SARRASIN (1)

A Québec, ce 4 8bre 1728.

LETTRES DE M. SARRAZIN A M. L'ABBÉ BIGNON

(Pièces des Archives Nationales à Paris, transmises par M. Beau-
chesnes, pp. 139 et suivantes) Papiers de M. l'abbé Bignon.

---

le 2e avril 1727.

Monsieur,

J'ai receus la Lettre que vous m'avez fait
l'honneur de mécrir, Le 14 mai 1726, Je suis
pené monsieur de vous avoir Ecris une Si longue lettre, ou du moins de L'avoir remplie de

---

(1) On remarquera que toutes les lettres citées ne
sont pas signées de la même façon. Dans les unes Sarrazin est écrit avec un z, dans les autres, celles de l'Académie, avec un s. Malgré la longue discussion déjà sou-
levée sur ce sujet et qui est soigneusement exposée dans
le travail de Monseigneur Laflamme, nous avons adopté
l'orthographe avec z, étant donné que les signatures que
nous avons pu voir nous semblent bien comporter cette
lettre.

tant de circonstances différentes, puisqu'elle Vous a Engagé à une réponse qui a pu Vous fatiguer, mais J'ay crus monsieur que quand Il s'agissoit d'un grand détail, vous Chargiez le correspondant de faire votre reponse a L'Etranger. Je serai monsieur dorenavant plus modéré.

Mes plaintes de ce que Je n'entendois rien dire des observations anatomiques que Jai Envoié Il y a longtemps, etoient fondées sur L'Ignorance ou J'ai été qu'on ut fait Imprimer celle du carcaiou, parceque Jai Crus qu'etant un animal aussy rare, que son naturel est Extraordinaire Il meritoit quelques atantions. Si j'avois sceus qu'il Est été Imprimé Je L'aurois fait venir. Les Explications que vos messieurs de Lacadémie me demandent touchant le rat musqué m'etonnent ; d'autant quils ont Entre Leurs mains le Rat d'eau de la Seine que je les ai prié d'Examiner et qui pouroit Leurs donner les lumieres quils souhaittent dans le fait dont il s'agist, Je les priois même de me Les communiquer, ce qui m'auroit fait un fort grand plaisir, on pouroit En même temps Le joindre aux genre des rats Et cependant en dire les differences aussy bien que jay dit celles du rat domestique, si J'avois pu travailler sur cet animal avant le départ de nos vaisseaux Je L'aurois fait, mais on scait que Je ne le peux que de saison en saison quoi qu'a l'avance Je ne crois pas le pouvoir mieux

Connoitre que Je Lai connus, Et je ferai mon possible pour contanter monsieur de Vinslow sur la membrane adipeuse L'Epididyme.

Je vous suplie monsieur de m'obtenir de monseigneur Le Comte de maurepas La pension dont je pris La Liberté de vous parler L'année dernière, C'est un bien que je demande pour ma famille qui en a un vrai besoin plust a dieu que monsieur sceut La scituation ou Je me trouve, Je suis certain qu'il auroit La bonté de S'Emploier Efficacement pour Elle Et pour moi.

J'ai Lhonneur D'Etre avec une parfaitte reconnoissance Et Un respect tres profond

Monsieur,

Votre tres humble et tres
obeissant serviteur,

SARRASIN

Le depart de monsieur et de madame begon dont nous n'oublirons Jamais Les bienfaits Et L'amitié, Et Un coup pour ma famille et pour moi Le plus triste qui put m'ariver pandant ma vie Ils auront la bonté de vous parler de moi, Ils sont Lun Et Lautre d'un caractère si genereux et si bienfaisant que sans aucun autre obligation que Le plaisir qu'ils ont de faire du bien, Je me flatte que dans Loccasion Ils me rendront service.

Monsieur,

Je me suis déia donné L'honneur de Vous Ecrir deux fois ; quoique J'aie Une assurance morale que Le navire L'Elephant dans Lequel sont monsieur Et madame Begon, Et Leurs famille arrivera a bon port, La prudence veut cependant que je profite Encore de l'un des navires qui doit partir dans peu. dieu ne doit rien a personne, mais Il me semble, Et je dirai hardiment qu'il semble a toutte La Colonie qu'un heureux Voiage Leur Est du, Il n'ont fait de peine a personne, Et Je ne scai s'il y a une famille dans Le Canada, a laquel Ils n'aient pas fait du bien.

Je vous ai Informé monsieur de ce que je ferai pour Le rat musqué, on me redemande des plantes que J'ai autrefois Envoiés En Canada, Il faudroit bien faire deux cent Lieues dans Les pays que J'ai parcourût pour Les retrouver Enfin Je ferai ce que Je pourai. Si j'avois Une bonne louppe, J'aurais satisfait monsieur de réaumur du premier coup pour la poncture du piquant du porte Epy. Si J'avois osé J'en auroit demandé, ou prié monseigneur Le Compte de maurepas de m'en faire donner une, car celle que J'ai ne grossit pas assez, Et qui que ce soit n'En a En Canada. Il me faudroit aussy Une Seringue à Iniection.

Souvenes vous de moi monsieur pour ce qui regarde La pension que Je vous ai déia des-

mandé. Si Vous n'avez cette bonté pour moi,
Je n'aurai Jamais rien Et ma famille sera fort
a plaindre apres ma mort Je me donne L'honneur d'Ecrire a monsieur Begon a qui J'en ai
jamais osé parler En Canada personne ne
pouroit mieux me rendre ce service que Lui
S'il veut bien cadrer avec Vous monsieur
pour cela, continues moi monsieur Lhonneur
de votre protection puisque J'ai celui d'Etre
avec une parfaitte reconnaissance, et Un très
profond respect,

Monsieur,

Votre tres humble et tres
obeissant serviteur

SARRASIN

a Quebec ce 20 8 bre 1726.

Si J'avais le temps Je transcriroy cette Lettre qui est un peu brouillée.

POUR RÉPONSE A M. SARRAZIN

Il Seroit a Souhaitter qu'on eût des dissections de toutes les especes d'animaux aussi
exactement faites que l'est celle du rat musqué. les additions et les nouveaux éclaircisse-
ments qui ont été demande n'otent rien au mé-

rite des observations qui ont été envoiées, on les imprime actuellement et avec une distinction particuliere qui a déjà été accordée une fois aux memoires de M. Sarrazin sur le castor au lieu qu'on ne donne que des extraits des mémoires envoiés à l'Académie que dans l'histoire, ou ils ne peuvent pour être que très courts. L'extrait des observations sur le rat musqué sera dans les mémoires, ou elles seront mises dans presque toute leur etendue M. de Réaumur s'en est chargé.

M. de Réaumur s'est aussi chargé d'envoier a M. Sarrazin une loupe qui grossise considérablement ; et de faire venir de leyde une seringue a injections ou ce sont les meilleures on n'en trouve pas de bonnes a paris.

Quand on lui demande des plantes pour le jardin du Roy, ce ne sont que celles qui il pourra ramasser sans faire des courses que ses occupations ne scauraient lui permettre.

(Le reste des lettres roule sur les éloges de M et Mme Begon sur le paiement de 3 années de la gratification, sur la pension qu'il voudroit faire passer a sa famille).

M. l'abbé Bignon scait bien mieux que moy, ce qu'il faut repondre a ces articles (1).

---

(1) Il semble que l'abbé Bignon a passé à M. de Réaumur la lettre précédente de Sarrazin et que ce soit là une note de M. de Réaumur indiquant ce qu'il faut lui dire.

Monsieur,

Je croirois toujours beaucoup manquer Monsieur, si ie me donnois pas L'honneur de Vous Ecrir pour Vous asseurer de La Soumission parfaitte dans Laquel Je suis toujours tant pour ce qui peut vous faire plaisir, que pour ce qui peut aussy En faire a ces messieurs de L'académie. J'envoiois L'été dernier L'achevement de L'histoire anatomique du Rat musqué a monsieur de Réaumur, Je pris aussy La Liberté de Vous En Informer, mais Je ne scai si monsieur a receu ma Lettre, monsieur de réaumur me mande bien qu'il a receu tous les dessins que Je Lui ai Envoie. mais Il ne dit pas precisement si c'est L'observation certaine que J'ai faites du comerce du Testicule avec L'Epididyme qui Est cette route que Je n'avois pu Jusqu'alors decouvrir Il n'y a rien de si particulier dans tous les animaux connus. Et Il n'y a que cette circonstance a placer dans ce qu'on voudra bien En Imprimer de nouveau tout Le reste ayant Eté raporté tres juste Et tres fidellement et tres corectement par monsieur de réaumur, dont Je lui suis tres obligé. Je ferai mon possible pour revoir Le castor Je L'aurois fait L'hyver dernier, mais Il a Eté si violent, ou plustost J'ai Eu tant de malades que Je n'ai pu tenir ma parole, Je ferai mon possible pour En Venir a bout aussy que pour vous assurer de La con-

tinuation de L'attachement le plus sincere Et
Le plus parfait qui fust jamais aiant L'honneur D'Etre avec Le plus profond respect,

Monsieur

Votre tres humble et tres
obéissant Serviteur

SARRASIN

a Québec ce 29 8bre 1729.

On nous assure icy que ce n'est point faire
sa cour aupres de monseigneur Le Comte de
maurepas que de demander quelque Choze
aussi n'ai Je rien demandé quoique dans le besoin.

Monsieur,

J'ai receus la réponse de la lettre que Je me
donné Lhonneur de Vous Ecrire L'année dernière Je Vous suis tres obligé monsieur des
atansions que Vous avez bien voulu faire sur
mes demandes. Je crois que personne n'a plus
contribué à me faire paier d'une année de ma
gratification (qui avoit été suprimée) que
Vous monsieur. Je Vous En remercie tres
humblement Et Je Vous suplie tres Instament
de me continuer Les mêmes faveurs auprès de
monseigneur Le Comte de maurepas, de qui
j'ai receus une Lettre tres gratieuse. Et qui
veut bien me donner de grandes Espérances

pour L'avenir. J'en ai grand besoin. Je me regarde comme un laboureur qui est malheureusement tombé sur une mauvaise terre, qui travaille sans cesser qui a bien de La peine a vivre Et qui Laissera des Enfants pauvres, qui cepandant suivroient aisément une route D'honneur s'il m'étoit possible de Leurs donner L'education dont Ils pouroient profiter. parcequ'ils ont des dispositions propres a les bien recevoir.

Je vous Envois monsieur L'Eclaircissement que m'ont demandé monsieur de réaumur Et monsieur de Vinslow, touchant les parties naturelles du rat musqué que j'adresse a monsieur de réaumur jamais ouvrage ne m'a donné plus de peine ny fait aprocher du rebut que celui la. Car Il est bien plus difficile de donner une aparance de verité à Une chose douteuse que d'en parler quand Elle ne souffre aucune dificulté. Cependant je crois L'Explication de mes doutes aussy probables, aussi Vrais que s'ils étoint parfaittement vérifié. Ils verront ces messieurs, si ce que je leur mande est capable de les contenter.

J'ai dis tout ce que j'ai pu dire de La membrane adipeuse pour ce qui concerne L'Ecartement de L'Epididyme du testicule n'est point si clair, cependant Le fait aproche si sensiblement tout ce qu'on peut imaginer de vrai, que je ne doute plus du comerce du Testicule avec L'Epididyme.

J'ai suivant L'ordre de monseigneur Le Comte de Maurepas fait un mémoire tres Instructif pour faire ramasser les graines des plantes de tous les postes que nous habitons dans L'Amérique par nos Canadiens : pour faciliter cette reherche. J'ai divisé les plantes en trois classes seulement. En celle des arbres, celles des arbriseaux et En celle des herbes. Afin de ne point trop confondre les graines des unes avec les autres. je Voudrois de tout mon coeur Etre En Etat de faire des Voiages dans tous ces pais, Je m'y suis offert autrefois, mais Il n'y a plus moiens. Je ne saurois En faire davantage, J'aurois cependant pu ramasser quelques graines cet Eté, mais J'ai été obligé de faire un voiage a monréal pour voir monsieur Le marquis de beauharnois qui Etoit tombé malade, mais cette maladie n'a pas Eu de Suitte. Si sa santé est délicatte son Esprit se porte bien Jamais homme de sa façon En Canada Eté plus aimé Il seroit bien difficile que cela ne fust pas puisqu'il a le secret par sa grande politesse Et ses complaisances continuelles de gagner tous les coeurs. Vous avez monsieur aussy gagné tous ceux que vous avez Voulü gagnez Et Je Vous En suplie qui Vous Est tout acquis, mais En ma faveur qui Est Celui de monseigneur Le Comte de Maurepas Vous obligerai La personne du monde qui Vous Est La plus parfait-

tement dévouée. Et avec Le plus profond respect,

Monsieur

Votre tres humble et tres
obeisant serviteur,

SARRASIN

à Québec ce 8 8bre 1727.

Monsieur,

Un de nos Vaisseaux En sen retournant En
france Le mois d'octobre dernier toucha a
quelques lieues de Québec. Il a Eté obligé dy
relacher ; Il y a passé Lhyver, Et part demain
Le 4 de juillet, Je me serre de cette occasion
pour vous assurer monsieur de mes profonds
respects. Et Vous Informer de ce que j'ai reconnu dans Le rat musqué touchant ce qui ma
arèté Jusqua present En Egard a La communication qu'il doit y avoir du testicule a L'Epididyme. Je commencé L'automne dernier a
decouvrir un simple vaisseau, qui ne paroissoit
que quelque chose un peu moins transparent,
que la membrane même qui sort du testicule a
3 lignes de La partie Supérieure du Testicule
même, qui Est tournée du côté de L'anus. Et
qui Est apuiée sur La partie de La membrane adipeuse, ou Il n'y a cepandant point de
graisse Et Elle est si fine dans cet Endroit, Et
Le vaisseau pareillement que c'est un pur ha-

sard comme Je L'ai apercuë Il montoit de trois ou quatre lignes dans L'Epaisseur de La membrane, après quoi on ne Le voioit plus dans ce temps la qui Etoit L'automne, parce qu'il Entroit dans La partie de La membrane, ou Il y a de la graisse dans Laquel Je etoit Impossible de Le suivre ; Et par conséquent de Le connoitre Juste cepandant du semblant ce qui me fit renvoier cette découverte au rhut prochain J'ai fait ce que j'ai pu J'ai même Ecrit en plusieurs Endroits pour avoir un rat musqué En Vie, mais inutilement, Enfin j'ai trouvé le printemps qui est le temps du rhut que le vaisseau montoit apuié comme je l'ai dit sur La membrane D'Environ quatre Lignes, Et En trois dans une substance glanduleuse couverte de graisse qui a Environ deux Lignes en superficie, qui de Là tourne et descend vers L'Epipidyme et conduis tant En substance glanduleuse qu'en vaisseau tres mince a Environ six ou sept Lignes. Et finit dans L'Epididyme même. Ce qui m'assure que le conduis Est celui qui y porte La Semence c'est que j'ai observé une pareille structure dans le rat domestique, Elle Est même plus aparante, En Egard au vaisseau de communication avec cette différence néanmoins qu'il Est plus court, Et plus gros ; et sort de La partie supérieure et postérieure du testicule oposée a L'anus par dessus le bout duquel Il s'Elançe, Et Vient finir dans La partie supérieure de L'Epididyme a L'Extrémité Inférieure duquel les defférens pris sensiblement naissance.

J'ai fait dessigner cette observation que je crois La dernière pour ce qui concerne le rat domestique. Je Vous L'Envoirai monsieur par Le navire du roi si J'avois pu L'avoir double. Je Vous En aurois Envoié une copie dès a present.

J'ai disséqué le porc Epy, mais Il m'est Impossible de Vous En Envoier La description cette année. Je ny vois rien D'Extraordinaire que Les piquans. Les Vescicules séminaires, Et le fue qui n'a point de vescicules. comme je ne scaurois Ecrir à monsieur de réaumur parce que le Vaisseau part précipitament Je prens La liberté monsieur de Vous prier de lui communiquer cette observation. Vous obligerai monsieur Celui qui Est a L'honneur d'Etre avec une parfaitte reconnoissance, une Espérance parfaitte de Votre protection Et un tres profond respect,

Monsieur,

Votre tres humble et tres
  obéissant serviteur

SARRASIN

a Québec le 5 juillet 1729.

Monsieur,

L'honneur de Votre protection que vous avés bien voulu accorder au pauvre monsieur Sarrazin de tous temps me fait prendre la liberté de vous représenter avec grande confiance la triste situation ou ie suis restée, ayant eu le malheur de le perdre en huit iours d'eune fiebvre maligne qu'il avoit contractée auprès des malades du vaisseaux de sa maiestée quil a touiours visitée avec un courage extraordinaire qui estoient dune infection a faire succomber les santé les plus fortes comme il y a paru dans la suitte, ses fatigues estoient si outrées qu'il y a fallu perir et me laise avec deux garçons et deux filles, sans biens, des dettes et sans autre ressource que ce que ie peut attendre de la bonté de monsieur le comte de maurepas, nos puissances de canada mont fait esperer quil luy demenderoit pour moi et pour mes enfans une pension, iai l'honneur de luy représenter et de supplier sa grandeur d'accorder à mon fils ainé la survivance de feu son père es canada ce que iay lieu d'espérer quil remplira dignement, s'estant attirée par son application l'approbation des personnes sous lesquels il travaillée, mais monsieur que nai-ie pas lieu de craindre si ces demendes ne sont soutenues de votre pouvoir ie say que vous pouvés tout et c'est en vous monsieur que ie fonde toutte mes esperance, ie me flatte que vous voudrés bien vous ressouvenir des ouvrages du pere qui sont connue a laccademie, et dont vous avés une connoissance monsieur plus parfaitte que personne il est venü en ce pais cy a laage de vint ans et a exercé cinquante ans sans discontinuer avec un zelle irreprochable et une generosité trop grande pour sa famille puisque cela nous met aujourd'huy dans la necessité de vous importuner monsieur et de vous supplier avec instance de nous continuer l'honneur de la même protection que nous tacherons de mérité par la reconnoissance parfaitte ou nous serons eternellement et le respect le plus profond avec lequel iay l'honneur d'estre,

Monsieur

Votre tres humble et tres
    obeissante servante

HAZEUR SARRASIN

a quebec le 19e 8bre 1734.

M. l'abbé bignon

A Versailles, le **23** avril **1700**.

Brevet de médecin des hôpitaux de la Nouvelle-France pour le sieur de Sarrazin.

Aujourd'huy vingt troisième du mois d'avril 1700, le Roi estant à Versailles, voulant commettre une personne expérimentée dans la médecine pour visiter les malades des hôpitaux de la Nouvelle-France, et leur ordonner des remèdes convenables, et sachant que le Sr Sarrazin a l'expérience nécessaire pour s'en bien acquitter, Sa Majesté l'a retenu et ordonné, retient et ordonne médecin des d. hospitaux pour en faire les fonctions aux droits y appartenans et aux appointements qui luy seront ordonnés par les états et ordonnances qui seront expédiés pour cet effet, Mande Sa Majesté au sr. chevalier de Callières, gouverneur et lieutenant général au d. pays de la Nouvelle-France de faire reconnaître le d. Sr Sarrazin en la d. qualité ez choses concernant le d. employ et au Sr de Champigny, intendant de justice, police et finances, de le faire payer des d. appointements et pour témoignage, etc.

NOMINATION DE SARRAZIN AU CONSEIL SUPÉRIEUR DE
DE QUÉBEC

(Pièces des Archives de la Province de Québec. Mémoires du Roi à
Vaudreuil et Raudot, 30 juin 1707)

———

Sa Ma^té a veu la liste des con^ers qui composent le con^el supérieur de Quebek, Elle n'a pas jugé à propos den augmenter le nombre qui est de 12 a present et qui n'estoit cy devant que 7 Elle a choisy le Sr. Sarrazin pour remplir la place du Sr. Juchereau du Chesnay qui n'a pas voulu se faire recevoir et ils trouveront cy joint les provisions qu'elle luy a fait expédier qu'ils n'ont qu'a luy remettre a lesgard du Sr. de Repentigny qui est perclus de ses jambes ce n'est pas une raison pour loster dautant plus que le Sr. de la Durantaye retourne cette année en Canada aussy bien que le Sr Du Lino Sa Ma^té ne veut pas qu'ils levent l'interdiction de ce dernier quoiqu'il ayt esté renvoyé absous des faits qui avoient esté avancez contre luy, Elle sçait quil a de lesprit et qu'il est fort capable de bien remplir sa place dans ce conseil, mais Elle est informée en mesme temps que c'est un esprit esloigné de la vérité.

(Archives Publiques du Canada (Archives Nationales, Série B, vol. 59-2, page 355)

————

ORDRE DU ROY qui établit garde des Sceaux du Con^el Supérieur de Quebec le Sr Sarrazin Con^er aud. Conseil.

A Marly le 19 février 1733.

DE PAR LE ROY

Sa Ma^té voulant faire choix d'une personne fidelle et d'une probité connue à qui elle puisse confier la garde des Sceaux du Conseil Supérieur de Québec, a la place du feu Sr de Lino con^er aud. Con^el qui en estoit chargé, et estant informée que le Sr Sarrazin aussy Con^er aud. Conseil a les qualités requises pour cela Sa Ma^té luy a confié la garde des Sceaux du Con^el Supérieur de Québec, et la etably en la qualite de garde des Sceaux dud. Conseil. Mande Sa Ma^té aux officiers dud. Conseil Supérieur de faire reconnoistre led. Sr. Sarrazin en lad. qualité de tous ceux et ainsi ql apartiendra fait a Marly le 19 février 1733. Signé Louis et plus bas Phelypeaux.

"Monsieur Michel Sarrazin, Médecin du roi, natif de Nuits en Bourgogne, est entré en cet Hôtel-Dieu le 6 septembre 1734 et il y est décédé le 8ème idem, fête de la Nativité de la sainte Vierge, à laquelle il était extrèmement dévot. Il avait exercé son art en ce pays plus de 45 ans, avec une rare charité, un parfait désintéressement, un succès extraordinaire, une adresse surprenante, une application sans égale, pour toutes sortes de personnes qui lui faisait faire avec joie et avec grâce tout ce qui dépendait de ses soins pour le soulagement des malades qu'il traitait. Il était aussi habile chirurgien que savant médecin, comme les belles cures qu'il a faites en sont la preuve. Il faisait part à Messieurs de l'Académie des Sciences des connaissances qu'il acquérait en ce pays et ses dissertations étaient fort estimées partout. Il était agé de 73 ans. Il fut inhumé le lendemain de son décès dans le cimetière des *Pauvres* qu'il avait aimés et servis toute sa vie. Il avait reçu chez lui les sacrements.

---

(1) Cette pièce a déjà été publiée par Ahern, loc. cit.

———

Je soussigné François Michel LeVeyer prêtre faisant les fonctions curiales dans la paroisse de Ste-Anne du Petie Cap, en la côte de Beaupré certifie que le vingt et trois octobre l'an mil six cent quatre-vingt dix-neuf, Jean Salois fils de Claude Salois et de Anne Mabille ses père et mère habitant de la paroisse de St-Laurent en l'Isle d'Orléans fut blessé d'un coup de hache que lui donna par mégarde François Olivier son beau-frère en coupant tous deux un même arbre et qui portant dans le genou lui coupa aussi le gros tendon du devant du genou que plusieurs muscles qui y répondent firent retirer et les Sirurgiens qui lui pansèrent la plaie, à savoir le Sieur La vimodière du Chateau-Richer et le Sieur Belle-Isle de Québec ne pouvant recoudre ce tendon coupé qui s'était ainsi retiré lui ayant cependant fait refermer la plaie, cet homme se trouvait ainsi estropié pour le reste de ses jours à cause que la jointure du genou n'étant ni retenue ni arrêtée par ce gros tendon les os de la cuisse et de la jambe se séparaient l'un de l'autre lorsqu'il voulait lever la jambe sur la quelle il ne pouvait aucunement peser et depuis que la plaie s'était fermée le genou s'enflait le jour et désenflait la nuit et il ressentait de grandes douleurs et sur l'heure même qu'il fut blessé s'étant voué à Ste-Anne qui est honorée dans la dite église il fit dire à son honneur dix messes d'abord que le temps lui a permis de venir lui-même s'acquitter de son vœu, il s'est fait apporter sur ces lieux où il est arrivé le premier de mars l'année suivante mil sept cents et ayant été reçu chez le sieur Lessard voisin de la dite église pour faire une neuvaine à l'honneur de cette grande sainte, dès la première nuit, il se trouva délivré de toutes ses douleurs qui lui faisaient auparavant pousser de fréquents cris durant la nuit et le rendaient fort incommode à ceux avec qui il était dans la même chambre. Il commença la neuvaine le premier mardi du carême second jour de mars se confessant et communiant dans la dite église de Ste-Anne qu'il continua de fréquenter avec beaucoup de foi et de persévérance et priant presque toutes les journées entières jusques au second lundi du carême huitième jour de mars le soir qu'il voulut voir s'il y avait quelque amendement, il se trouva qu'il marchait sans baton ni béquille sur quoi l'on m'envoya quérir et Dieu qui voulait augmenter la confiance que les fidèles ont en la protection de Ste-Anne permit que Madame de Champigny Intendante du Canada et Monsieur le Chevalier de Champigny avec Monsieur Sarrazin, médecin, vinssent de Québec

en pélérinage dans la dite église le lendemain
neuvième du mois pour être autant de témoins
irréprochables du miracle opéré sur cet homme par l'intercession de Ste-Anne, car Monsieur Sarrazin fort expert en la connaissance
des blessures aussi bien que des maladies
ayant visité la plaie du blessé en présence de
Madame l'intendante, de Monsieur son fils du
sieur Lessart et de sa femme et des quelques
autres qui s'y trouvèrent et l'ayant interrogé
sur l'état où il avait été après sa blessure,
après l'avoir ouï dit qu'il était estropié et que
la guérison n'aurait pu se faire naturellement
de quoi il m'a promis une atestation authentique c'est ce qui m'obligea d'inviter les parois-
siens d'assister le lendemain dixième jour de
mars le second mercredi du carême à la messe
que nous chantâmes en action de grâces d'une
guérison si miraculeuse et le pélerin ayant
communié avec plusieurs autres, monte lui-
même en présence des assistants dans une
échelle pour pendre sa béquille aux murailles
de la dite église pour servir de monument du
bienfait qu'il avait reçu En foi de quoi, j'ai
soussigné ce présent certificat avec d'autres
témoins soussignés, savoir Guillaume Morel,
François Caron, Dupont, les autres témoins
ne sachant signer.

(signé) Guillaume Morel,
François Caron,

Dupont,

François Le Veyer,

prêtre indigne

et plus bas est écrit :

J'ai soussigné Samuel Lecomte dit La Vimondière chirurgien confesse avoir vu le dit blessé cy dessus nommé dès le commencement de sa blessure en l'estat qu'il est spécifié sans toutefois l'avoir aucunement médicamenté... Fait au Château-Richer ce quatorze mai 1700.

(signé) S. Lecomte avec paraphe.

EXTRAIT DE LETTRES DE L'ABBÉ TREMBLAY DU SÉMINAIRE DES MISSIONS ÉTRANGÈRES DE PARIS AUX MESSIEURS DU SÉMINAIRE DE QUÉBEC

(Pièces des Archives du Séminaire de Québec)

Du 1er mai 1699 :

"...J'étais bien résolu, si nous eussions eu un nouveau gouverneur, de le prévenir en faveur de M. Sarrazin. Mais comme nous avons M. de Callières M. Sarrazin me mande que Sil est gouverneur, il espère que ses affaires iront bien. Nous ne nous sommes pas comtenté de cela. M. de Brisacier a écrit très fortement et parlé ensuite en ma présence deux fois de M. Sarrazin à M. de la Touche qui nous a paru être très bien disposé pour lui et nous a promis de le favoriser en tout ce qu'il pourrait. Si l'on n'obtient pas cette année quelque chose pour lui, il est hors de doute qu'étant recommandé l'année prochaine par le gouverneur, l'Intendant, l'Evêque, les Communautés, il n'obtienne ce qu'on demandera pour lui ".

28 mai 1702 :

" ...Quoique M. de Brisacier ait appris par la lettre de M. de Pontchartrain qu'il n'avait pu rien obtenir pour M. Sarrazin, cependant nous avons lu sur l'état qu'il y était couché pour 600 livres. C'est donc 300 livres d'augmentation ".

CATALOGUE DES PLANTES ENVOYÉES PAR SARRAZIN AU JARDIN ROYAL EN 1704

(Pièce du Muséum d'Histoire Naturelle de Paris) (1)

(1) Cette pièce est écrite de la main d'Antoine de Jussieu et le document qui comprend quinze pages nous a été fourni par M. le Bibliothécaire du Jardin des Plantes (Muséum) qui a bien voulu le faire photographier pour nous.

Plantes envoyées de Canada
par Mr. Sarrazin Conseiller du
Conseil suprême et médecin du Roy en Canada.

Chrysanthemum foliis maximis splendentibus
pluk. Chrysanthemum perennans folio   1704
marianum pluk. manst. [illegible]

Acacia javanica, spinosa foliis maximis
splendentibus pluk.

Acer platanoides montis[illegible]. [illegible] c'est de cet
arpin d'érable [illegible] on tire le sucre d'érable
que l'on a fait a faire des syrops

Acer canadensis folio tridentato subtus
lanuginoso [illegible]. Acer virg.

Acer canadensis folio tridentato leviter
caniscente [illegible].

Acer canadensis folio tridentata [illegible]

Adhatoda [illegible] circumfolia parvo fructu
[illegible]

Adiantum americanum cornut

[illegible]nsia canadensis altissima [illegible]
[illegible] foliis [illegible]

[illegible]

[illegible] virginianum album
[illegible] pluk. [illegible]

Anapodophyllon canadensis morini [illegible]
[illegible] pomme qui a [illegible] mais
[illegible] la graine est un poison dont les sauvages
[illegible] lorsqu'ils ne veulent pas survivre
a leurs chagrins.

Alcanna major latifolia dentata munt. [illegible]

Anemone Virginiana Par. Pluk. Anemone
virginiana serotina matthioli similis parvo flore.
H. R. Cat.

Angelica acadiensis flore luteo. H. R. pari.

Angelica canadensis tenuifolia asphodeli radice
Virg. an cicuta arbor Virginiana thenii sp. Pluk.
cette plante a ce que rapporte Mr. Sarrasin Mr. Sarrasin qui la cup.
elle fait pousser en chevelure et fait naitre pour remission.
Angelica canadensis foliis quasi praemorsis et in
tenue capillamentum abeuntibus foliolo donatum.
Inst.

Angelica atropurpurea, canad. Cornuti. cette
espece d'angelique ne differe de la vulgaire que par
les tiges rouges plus mince et moins odoriferantes.

Apocynum virginianum flore herbaceo siliqua
longissima Inst.

Apocynum majus syriacum rectum Cornuti.
cette plante fournit une fleur en canada, grosse et epaisse
en amas de rosés qu'il trouve dans le fond de la fleur.

Aralia canadensis. Inst.
La racine de cette plante est vulneraire, on l'applique
avec succes sur les ulceres. elle est aussi aperitive.
la semence a un gout d'anis.

Aralia spinosa Sarr. Christophoriana arbor
aculeata virginiana. Pluk. phyt.

Aralia caule aphyllo radice repente Sarr. Christophoriana virginiana herba radicibus surculosis
et fungosis salsaparilla nostratibus dicta Pluk.
phyt.
la racine de cette plante a beaucoup de rapport avec
la salsepareille, on luy attribue les memes vertus.
elle peut etre substituée a la veritable, et un canadien
a été gueri d'une anasarque par l'usage de cette racine.

Arum palustre radice rotundiare [illegible]
[illegible] aquatilis Plot.

Arum Canadense foliis ad [illegible]
[illegible] parrac.
[illegible]

[illegible] erectum foliis filic. magn. flor. [illegible]

[illegible] foliis filic. flor.
[illegible] Virginiense Caudon [illegible]
[illegible]

Aster latifolius virga aurea foliis flor.

Aster altissimus capito flore alb. flor.

Aster ramosus annuus Canadensis [illegible]
foliis [illegible] umbellifer corr.

Aster annuus villosus semiflosculis capillac.
flor.

Atriplex mori fructu majori, seu [illegible]
majori. hist. oxon.

Betula

Boletus qui fungoides Canadensis [illegible]
bulbiforme [illegible] coloris parrac. Pluk. [illegible]

Cakile maritima ampliore folio Ber. [illegible]

Calceolus marianus Canad. Cornut

Calceolus
an helleborine virginiana flore rotundo magno
ore purpureo albicante Banist. Pluk. [illegible]
Calceolus
helleborine virginiana flore rotundo luteo purpureis
lineis striato. Banist. Pluk. [illegible]

on croit en canada que le fruit du christophoriana
est poison.

Clematitis

Clematitis trifolia dentata.

Conyza americana urtica folio flore albo Inst.

Cornus faemina C. B. pin.

Cornus an Cornus faemina laurifolia fructu
nigro caerulea apiculo compressa virginiana
Pluk. alm.

Corona solis radiata faemina Tab. N.

— foliis angustioribus laciniatis Inst. i sonitum
Helianthemum canadense Capenet

— alteris folio alato caule Inst. aster luteus alatus.
corn.

Crataegus virginiana foliis arbuti Inst.

Dens canis flore luteo Inst.   sa racine a le goust
d'ail

Dentaria triphyllos villosa.

Diervilla acadiensis fruticosa flore luteo corn.
ad. R. f.

Dracunculus
serpentaria tryphyllos brasiliana vel americ.
C. B. pin. on emploit sa racine bien desseichee
pour les cours de ventre.

empetrum

Evonymus virginianus rotundifolius capsulis
coccineis eleganter bullatis Banist. pluk. phyt.

Eupatorium virginianum salviae foliis longissimis
acuminatis perfoliatum Pluk.

fragaria sponte

frangula rugosiore et ampliore folio Inst.

fumaria tuberosa insipida Corn.

fumaria siliquosa radice grumosa flore bicorporeo
ad labia conjuncto virginiana Pluk. phyt
fumaria siliquosa, grumosa radice flore geminato
monstroso. Ranisc catal. ...

gale frutex odoratus septentrionalium ...
Rhus myrtifolia belgica C.B. pin

galeopsis galeopsis hispida ... folio flore
variegato.

galeopsis procerior caliculis aculeatis Inst.

geum
sanicula virginensis alba folio oblongo mucronato
Pluk. phyt

helleborine angustifolia flore rubeate virginiana
Ranisc cat virg.

helleborine foliis maculis nigris respersis, orchis
radice repente foliis maculis nigricantibus mas p.

herba paris canadensis rotunda radice Park. ...
solanum triphyllum canad. corn.

herba paris canad. flore purpureo C... Reg.

herba paris canad. flore albo. herba paris triphylla
brasiliana park. solanum triphyllum
brasilianum C.B. pin.

herba paris ... flore purp. absque pediculo. solanum
triphyllon triphyllum virginianum flore tetrapetalo
atropurpureo in foliorum sinu absque pediculo
... Ranisc cat hist ...

leopus

hypericum ascyrum marilandicum foliis latiusculis
obtusis floribus in fastigio paniculis Rai hist

hypericum parvum virginianum caule quadrato, sive
ascyrum minimum R. Ranisc Pluk. mantiss

hypericum latiorifolio sive androsaemum perforatum
... flore carneo marilandicum Pluk. mantiss
... canad.

Osmunda altera asphodeli radice pinnulis
obtusis [...]. Filicaria multifido folio [...]
racemo florum ex pediculis prope radicem producens
ex terra [...] Pluk. [...]

Osmunda canadensis vulgari similis, filix
virginiana non dentata florida [...] albens
ex [...] summo caule seminibus occultatis
Pluk. phyt.

Osmunda mariana dryopteris folio [...]
osmunda non ramosa caule florifero e foliis
[...] plurimis seminum racemis crassis
rubentibus [...] conjugatim [...]
[...] Rai[i] hist.

Osmunda mariana dryopteris folio in medio
caule florifera [...] n° 556

Osmunda

Osmunda pinnulis profunde sinuosis [...] [...]
filix indica osmunda facie [...] Rad. a [...]

Osmunda an filix palustris mas non ramosa
pinnulis obtusioribus [...] in [...] [...]
Pluk. phyt.

7.

oxycoccus
Vitis [...] palustris virginiana fructu majore.
Rai[i] hist.
[...] canadensis [...] [...] [...]
[...] [...] qui est aigrelet, e qui[...] [...] [...]
[...] de ventre.

Passinaca [...] latifolia C[asp]. B. pin.

Pedicularis aspleni[i] foliis.

Pedicularis protensis lutea, vel crista galli
C. B. pin.

Pentaphylloides [...] [...] [...]
Pentaphylloides agrimoniae foliis an quinquefolium
virginianum [...] [...] flore parvo luteo [...] Pluk. [...]

Phalangium

Phytolacca americana minori fructu Bapt. et
Phytolacca americana majori fructu Bapt.
les chirurgiens au canada et en acadie s'en servent defferemment
comme du mechoacan, elles purgent tout comme les
prestes, mais moins que le mechoacan.

Plantago maritima angustifolia. an coronopus
maritimus noster P.R.
on mange ses feuilles en salade, elles sont diuretiques

Plantagini aquatica quodammodo accedens
foliorum auriculis amplexibus rotatis floribus
caeruleis hyacinth. spicatis Pluk. mantiss.

Platanus

Polygonatum latifolium ramosum C.B. pin.

Polygonatum ramosum flore luteo majus Corn.
Polygonatum ramosum flore luteo minus Corn.
Polygonatum racemosum Corn.
Polygonatum spicatum sterile Corn.
Polygonatum spicatum fertile. Corn.
Polypodium vulgare C.B. pin.

Populago flore majore et minore Bauh.

Primula veris minima umbellata bellidis folio

Pyrola rotundifolia major. C.B. pin.
Pyrola folio rotundo. I.B.u. R.
Pyrola folio obtuso. R.u. R.
Pyrola folio mucronato spinato C.B. pin.
Pyrola fruticans arbuti flore C.B. pin. pyrola
et fruticans class.
Pyrola rotundifolia minor. C.B. pin.
Pyrola singiata. vide Chamaerhododendros.

Smyrnium.

Smilax aspera [illegible] hedera folio [illegible]
[illegible] mariana. Pluk. [illegible] an bryonia
[illegible] nervosis foliis [illegible] virginiana
Pluk. mariy.

Sorbus aucuparia. P. R.

Sphondylium vulgare [illegible] (albo, [illegible]

Spiræa.
[illegible] pentacarpos [illegible] serrato foliis [illegible]
[illegible] virginiana. Pluk.

Spiræa [illegible] folio. Inst.

Spiræa opul. folio. Inst.

Staphylodendron virginianum trigg. hylen.
Inst.

Taxus math.

Thalictroides.

Thalictrum canadense caule purpurascente o [illegible]
foliis florum staminibus albis. Inst. Canadense com.

Thymelæa.

Toxicodendron triphyllon folio sinuato pubescente
Inst

Viburnum pyri folio serrato glabro.

Viola alba omnium caledarum.

Virga aurea canadensis folio subrotundo serrato
glabro. Inst

Virga aurea limonii folio paniculæ [illegible] versu
disposita L. R. par.

ead. angustifolia.

Virga aurea montana latiore folio hirsuto L. R. p.

Virga aurea patula foliis [illegible] floribus dilate
purpurascentibus Inst [illegible] latifolius [illegible]
autumnalis [illegible]

Virga aurea Canad. humilior salicis minoris
folio. Inst.

Virga aurea Virginiana annua Ran.

Virga aurea. quæ aster virgineus angustifolius
parvo albente flore h.R. paris. aster serotinus
tradescanti.

Virga aurea Canad. humilior salicis majoris folio.

Vitis quinquefolia canadensis scandens Inst

(an Vitis Idæa canad. pyrolæfolio serrat. Inst. in app.

Vitis Idæa canadensis alaterni folio.

2.

Vitis Idæa canadensis myrti folio serrat. Inst in app.
Bluet de canada. son fruit est bon a manger
de certaines graines
ces sauvages en font purée. bon pour mettre dans
les ragouts

Vitis Idæa folio subrotundo non crenato bacch
rubris c. B. pin.

Uva ursi clus. h.st v.tis Idæa foliis carnosis
de veluti punctatis sive Idæa radix diosc. l'Aigue
peut être en canada.

Zylosteon.

Zylosteon arbor americana xylosteo similis e cujus
ligno cistas, et scrinia confici unt barbadenses
nostrates. Pluk. phyt. bois de plomb.
on pretend que son ecorce reduite et appliqué sur
les cancers en adoucit les douleurs, Mr. Sarrazin
n'en convient pas. on dit que etoit le remede de
l'abbé Gendron.

ad Kalodo herbacea citrea foliis parvis fructu tuy[...]
horminum virginianum orobon urtica folio
florentione fisti oxon.

Planta citreæ folio. an horminum melisso-
phyllon ex terra mariana spica longa gracili? Pluk. mant.

Mercurialis facie planta canadensis. an
heliotropii genus marianum mercurialis folio
angustiori. Pluk. mant. an heliotropides [...]
balsamina feminea folio plicata capsularis ex
terra mariana Pluk. mant

Arbor acadiensis androsæmi majoris folio.
cet arbre porte une gousse qui contient entre chaque
semence une liqueur balsamique dont les sauvages
se servent pour les blessures.

an cistus chamærhododendros mariana laurifolia
floribus expansis, semine ramulo in umbellam
pluribus. Pluk. mant

th lidum parvum angustifolium marilandicum
roris marini sylvestris minoris nostratis folio. Plu... b. 3.

an vitis idæa olea sativa folio, marilandica Pluk. mant

Persicaria similis. Planta aquatica ind. orientali,
floribus in spicam caule in capitulum oblongum qu[...],
capsulis foliaceis. Pluk. mant. ff.

Lilium sive martagon, papilionum virginianum floribus
minutissimis herbaceis pluk. alenay.

Plantula marilandica foliis in [...]me, cauliculo
[...]rad, quorum unum quodque [...] illustr[...]
circa marginem serratis Rai. b. ss. [...].

Racemifera mariana clematiti daphnoides minoris foliis
musc. petiv. et gazophy.

Pneumonaria foliis et facie virginiana flosculis parvis,
nebulosa semine ramulo binatim junctis. Pluk. mant

Cornus mas virginiana flosculis plurimis albidis ex [...]
tetrapetalis rubro irrumpentibus, bacciif pluk. alm et ph.
on l'appelle icy matagon. Les sauvages mangent [...] fruit

(Pièces des Archives de la Province de Québec)

---

6 L Thériaque fine
1 L Confection de Hyacinthe
1 L Confection alkermes Royalle
4 L Extrait de genevieve
2 L Eau thériacale
6 L Eau de gland imprégné de son sel, ou l'un et
l'autre séparé
12 L Manne de Calabre
2 L Confection hamec refformé
4 L Diapheine
10 L Catholicum fin double de rubarbe
8 L Diaprunum composé
10 L Casse mundé
8 L Sené du plus beau
8 L Anis verd et qui soit gros
4 L Rubarbe choisie
2 L Therebinthe commeux
20 L Catolicum simple
8 L Miel mercurial
8 L Miel violat
3 L Miel rozat
6 L Miel de Narbonne
10 L Miel commun
4 onces poudre cornachine
2 onces poudre de disséné et de citro, de chacun
3 L de tablettes de diacatemie
8 onces Pillules d'Agarie
1 L Pillules angélique
4 onces Sel policristo
1 L Cresme de tartre
8 onces Sel de tartre soluble

    4 onces Tartre emetique
2 L Cristal minéral
2 L Sirop de pavot rouge
2 L Sirop de pavot blanc
2 L Sirop d'alkermes
2 L Huisle d'ypericon complette
4 L Huisle de camomille
3 L Huisle d'abceinte
3 L Huisle de lis blanc
3 L Huisle d'Anet
1 L Huisle d'Amendes douces
    1 once d'amendes amères
    8 onces Huisle de laurier sans addition
4 L Huisle de laurier avec addition
10 L Huisle de noix
4 L Huisle d'espica
15 L Huisle de rose complète
5 L Huisle de rose simple
    2 onces Baume de Pérou
1 L Aloid spatique
1 L Mastic en larmes
1 L Mirthe la plus belle
1 L Encens mâle
1 L Escorce d'encens
    8 onces Sang de dragon
1 L Terre sizelée
4 L Bol commun
6 L Bol fin
1 L Aristoloche longue
1 L Aristoloche ronde
    2 onces Jalap
2 L Alun de roche
    4 onces précipité rouge
    2 onces pierre infernale
    2 onces Trochisque d'Albirasis
    2 onces Trochisque Carabé
    1 once Laudanum cordial

2 onces Corail préparé et qui soit en petit tro
   chisque
   8 onces Pierre d'ayment
1 L Conserve de Quironondon
2 L Conserve de rose de Provins liquide
2 L Poudre de Diamargaridum Trigidum
   1 Pierre de Besouard
   2 douzaines de Lancettes
6 L de Sirop chicorée composé double et rubarbe
2 L Sirop de pommes composé
6 L Sirop rosat solutif
   6 Sirop de coins
   3 Seringues pour les playes et à gros canon
2 L Eau de canelle
4 L Sirop de berberis
4 L Sirop de grenades
4 L Sirop de nerpran
2 L Balauste
2 L Roses de Provins mundée
   4 onces Esprit de Souffre
   4 onces Esprit de vitriole
2 L Esprit de sel bien rectiffié
4 L Emplastre divin ou Manus Dei
4 L Emplastre de Betonica
2 L Emplastre diachilon mag, com, gommées
2 L Emplastre de Vigo cum mercurio
2 L Emplastre vessicatoire
3 L Emplastre de melilot
2 L Emplastre de Gratia Dei
10 L Emplastre de diapalme blanc
2 L Ungant Naapolitanum de Coras
20 L Therebentine commune
2 L Therebentine de Venise
4 L de cire blanche
3 L Pois de Bourgogne
   4 onces de Mirobolane de toutes les sortes cha
   cune 4 onces

6 L Tamarins de Marseille
1 once Sel de Tamaris
4 onces Hermodatte
4 L de Souffre vif
4 L de farines resolutives chacune séparément
4 livres
4 L Supuratif
4 L Egiptis
2 onces Coloquinte
1 L Sel armoniac
8 onces Gomme adragante
6 Suc de reglisse noir
2 L Mundificatis d'Aché
1 once Mouches cantarides
1 L gemen contra
1 L Saffran
15 L Réglisse verte
4 onces Iris de Florence
4 onces Esponge fine qui ne soit pas séparée.
2 fleurre de Stecas d'Arabie
Des herbes de scordium, bitoine, chevrefeuille, matricaine, melisse, souchot, petite santaure, lavande, sauge, tim, marjolenne, salniavita, Ceterac, adjantum autant que l'on pourra.
1 L Santal citrin et rouge de chacun 1 L
3 L Emplastres pour les fractures et les contusions

A Québec le 5 octobre 1693.

INVENTAIRE DES EFFETS MEUBLES, BESTIAUX, ETC.

SUR LE FIEF ST-JEAN LORSQUE LE SIEUR DE VARENNES
LE PRIT A BAIL

(Pièce provenant des Archives de l'Hôtel-Dieu de Québec) (1)

Deux grands chenets
Une table de bois de merisier à pieds tournés
Une grande chaudière de cuivre rouge
Une marmite de terre d'environ six pots
Trois fers à repasser
Une crémaillère à potence
Un petit trépied de fer
Un couloir de fer blanc
Une mauvaise huche
Une table et son pliant
Deux bancs de bois
Un poêle de brique avec sa plaque, son cintre et sa
     porte
Un tuyau de quatre feuilles de tôle.

DANS LA LAITERIE :

Neuf terrines bonnes
Une grande table et son pliant.

DANS LA SALLE :

Deux boulets servant de chenets
Une vieille tapisserie
Une hache bonne
Une bêche
Un piochon à deux fourches.

---

(1) Cette pièce curieuse a déjà été publiée par Ahern
dans l'ouvrage cité. Elle contribue à démontrer l'importance de l'organisation de la ferme de Sarrazin.

Deux boeufs sous poil noir prenant cinq ans
Une vache de poil noir de six ans
Trois autres vaches sous poil prenant sept ans
Deux grands boeufs sous poil rouge
Sept poules et un coq
Quatre canards
Quatre dindes
Un cheval sous poil brun de six ans
Quatre cochons
Une truie
Un attelage complet pour cheval
Un autre attelage vieux
Une charette garnie de ses roues ferrées
Une charue garnie
Une grande herse à dents de fer
Trois feaux garnies de leurs anneaux et serres
Une grande charette à foin
Trois faucilles
Une enclume et un marteau à faulx
Un vent à vanner
Une calèche avec ses roues ferrées
Une cariole ferrée
Une traine avec des liens de fer
Une ditto vieille
Une paire de courroies de cuir
Un broc à fumier
Un broc de fer
Une paire de pistolets garnis de cuivre avec les
    fourreaux
Une selle avec sa housse
Une bride à mors recourbés

Une armoire de bois de noyer fermant à clef
Une boudinière de fer blanc

Un bois en forme de banc **pour faire de la** chan-
delle
Une bassinoire de cuivre
Une cafetière de fer blanc
Deux couteaux à hacher
Une coutellière de douze couteaux à manche de
porcelaine
Un coquemard de cuivre rouge
Une paire de ciseaux d'argent
Une couchette
Deux couvertes de laine de cinq points
Deux landiers de fer
Deux fers à repasser
Une lanterne de fer blanc
Une langue de boeuf de fer
Deux lancettes d'écaille garnies en argent
Un moulin à poivre
Un grand miroir de deux pieds et demi de glace de
hauteur sur vingt pouces de largeur. Cadre
doré avec son chapiteau qui a une glace.
Vingt-quatre outils d'acier pour chirurgiens
Deux poêles à frire
Une passoire de cuivre jaune
Un portefeuille de marocain fermant à clef
Un autre sans clef
Une pendule de martineau
Trois plaques pour poêle de brique
Une porte de tôle
Un cintre
Trois bouts de tuyau
Deux portes battantes couvertes de toile
Une paillasse
Un réchaud de cuivre rouge
Un trépied de fer
Un tabouret couvert de tapisserie
Quatre tringles pour fenêtres
Une trousse contenant des outils garnis d'argent

le d'argent pesant quatre onces
Six cuillères d'argent
Un sucrier d'argent
Six fourchettes d'argent
Une cuisinière d'argent
Deux salières d'argent
Deux grandes jattes d'argent
Deux petites jattes d'argent
Quatre flambeaux d'argent (Laquelle coutellerie
    pèse vingt-un marcs, neuf onces)
Huit tasses de porcelaine fine
Trente huit livres d'étain fin en assiettes et plats
Cinq tômes du Dictionnaire de Moreri

ARTICLES NON INVENTORIES :

Une écuelle d'argent et son couvercle ditto pesant
    cinq marcs
Une cuillère et une fourchette d'argent doré
Un couteau à manche d'argent
Une croix d'or avec ses diamants fins de grand prix
Une bague d'or garnie de diamants fins
Un autre bague à un seul diamant fixe
Un miroir de toilette glace fine
Un gobelet d'argent très grand
Sept cuillères d'argent à café
Un petit bénitier d'argent
Une grande toilette ouvragée et dentelle grande
    autour
Deux autres toilettes garnies aussi de dentelles,
    mais plus petites
Plusieurs bijoux comme boucles de diamants fins
    ect., etc., contenus dans un petit coffret de ve-
    lours bleu.

TABLE DES PIECES JUSTIFICATIVES

INDEX DES NOMS PROPRES

TABLE DES MATIERES

—